El pequeño libro

DE LA

LITERATURA

UNIVERSAL

Amat
editorial

Amat Editorial, sello editorial especializado en la publicación de temas que ayudan a que tu vida sea cada día mejor. Con más de 400 títulos en catálogo, ofrece respuestas y soluciones en las temáticas:

- Educación y familia.
- Alimentación y nutrición.
- Salud y bienestar.
- Desarrollo y superación personal.
- Amor y pareja.
- Deporte, fitness y tiempo libre.
- Mente, cuerpo y espíritu.

E-books:
Todos los títulos disponibles en formato digital están en todas las plataformas del mundo de distribución de e-books.

Manténgase informado:
Únase al grupo de personas interesadas en recibir, de forma totalmente gratuita, información periódica, newsletters de nuestras publicaciones y novedades a través del QR:

Dónde seguirnos:

 | @amateditorial

   | **Amat Editorial**

Nuestro servicio de atención al cliente:
Teléfono: **+34 934 109 793**

E-mail: **info@profiteditorial.com**

El pequeño libro
DE LA
LITERATURA
UNIVERSAL

Mónica Rodríguez Fernández

© Mónica Rodríguez Fernández, 2025
© Profit Editorial I., S.L., 2025
    Amat Editorial es un sello de Profit Editorial I., S.L.
    Travessera de Gràcia, 18-20, 6º 2ª; Barcelona-08021

Diseño de cubierta: XicArt
Maquetación: Marc Ancochea

Todas las imágenes son de dominio público.

ISBN: 978-84-10451-23-0
Depósito legal: B 3465-2025
Primera edición: Marzo de 2025

Impresión: Gráficas Rey
Impreso en España / *Printed in Spain*

ÍNDICE

LÍNEA DE TIEMPO
(fechas aproximadas)

LITERATURA ANTIGUA

Primeros pictogramas
en Europa occidental
30 000 a. C.

Aparición de la escritura
en Mesopotamia 2600 a. C.

Primeros centros
de enseñanza (Grecia)
400 a. C.

LITERATURA MEDIEVAL

Primeras universidades
en Europa
1100 d. C.

Nacimiento de las primeras
lenguas romances
800 d. C.

LITERATURA DE LA EDAD MODERNA

Nacimiento de los primeros
periódicos modernos
1650 d. C.

Invención de la imprenta
por Johannes Gutenberg
1440 d. C.

LITERATURA CONTEMPORÁNEA (I Y II)

Expansión de los
libros electrónicos
2010 d. C.

Institución de los Premios
Nobel
1895 d. C.

Actualidad

INTRODUCCIÓN

¿QUÉ ES LA LITERATURA?

La palabra *literatura* proviene etimológicamente de la palabra latina *littera* («letra») y tiene el significado de «uso de las letras». Por lo tanto, alude a lo que se transmite por medio de la palabra. La literatura busca la belleza de las palabras. Es un arte que usa el lenguaje como forma de expresión estética para comunicar todo tipo de sentimientos, pensamientos o relatos. La historia de la literatura recoge el espíritu de cualquier época y nación: primero, lo hizo de forma oral; después, por escrito. Y es así que, a lo largo de los siglos, la literatura ha tratado temas de común interés a culturas muy diversas del mundo.

La expresión «literatura universal» se refiere al conjunto de obras literarias que a nivel global se consideran relevantes, aquellas que han ido conformando nuestra realidad cultural. Son cuatro los grandes periodos históricos en que podemos dividir la literatura universal, que ha dado lugar a cuatro grandes periodos literarios: literatura antigua (Edad Antigua), literatura medieval (Edad Media), literatura de la Edad Moderna y literatura contemporánea (Edad Contemporánea).

¿PARA QUÉ SIRVE LA LITERATURA?

La literatura, al igual que otras formas de arte, es un medio de expresión, de comunicación y de transmisión de ideas. A través de las obras literarias, sean del género que sean, se puede expresar emociones y experiencias vitales, pero también es posible comunicar reflexiones sobre temas universales, ya sea el amor, la fugacidad del tiempo o la muerte. La literatura cumple diversas funciones:

- Entretener al lector.
- Transmitir belleza a través de las palabras.
- Trasmitir valores universales, compartidos por toda la humanidad.
- Reflejar la ideología —política, religiosa o de cualquier otra índole— del autor.
- Reflejar el contexto histórico y social de una época determinada.
- Sensibilizar al lector y crear conciencia social.
- Transferir un universo imaginativo al lector.

Literatura antigua

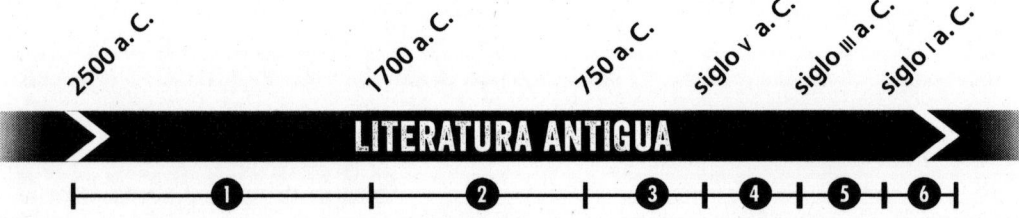

2500 a. C.   **1700 a. C.**   **750 a. C.**   **siglo v a. C.**   **siglo III a. C.**   **siglo I a. C.**

LITERATURA ANTIGUA

❶   ❷   ❸   ❹   ❺   ❻

❶ **Mesopotamia**
2500 a. C.

Poema de Gilgamesh

❷ **Egipto**
1700 a. C.

Historia de Sinuhé

❸ **Grecia**
750 a. C.

Homero. *Odisea*

❹ **China**
siglo v a. C.

Lao Tse. *Tao te king*

❺ **India**
siglo III a. C.

Vishnú Sharma.
Panchatantra

❻ **Roma**
siglo I a. C.

Virgilio. *Eneida*

La «Edad Antigua» abarca el periodo de la historia en el que surgieron y se desarrollaron las primeras civilizaciones. Comprende desde el inicio de la escritura (hacia el 3000 a. C.) hasta la caída del Imperio romano de Occidente (476 d. C.).

Se denomina «literatura antigua» al conjunto de obras escritas durante la Edad Antigua. Se puede hacer una primera clasificación teniendo en cuenta dónde surgieron las obras, ya que no lo hicieron al mismo tiempo en todo el mundo. De hecho, pese a que se desarrolló en territorios muy diversos, lo hizo, sobre todo, en Asia y Europa.

PRIMERAS CIVILIZACIONES

(LITERATURA ORIENTAL)

LITERATURA MESOPOTÁMICA

La literatura mesopotámica integra aquella que surgió de las culturas de los pueblos sumerio, acadio, asirio y babilónico, que habitaron la región entre los ríos Tigris y Éufrates, una zona que en la actualidad ocupan Irak y Siria. En un primer momento, los escribas tenían la necesidad de comunicarse con fines puramente comerciales y poder así registrar las mercancías. Hubo una evolución a una escritura cuneiforme (realizada con un cálamo con la punta en forma de cuña) de unos 600 caracteres que permitió componer obras originales a partir del 2600 a. C. aproximadamente. Las inscripciones, que aparecieron en primer lugar, dieron paso más tarde a gestas, oraciones, relatos y todo tipo de escritos. Una de estas primeras manifestaciones escritas fueron los kudurrus, unas tablas de piedra talladas en lengua acadia con textos sobre transacciones de tierras. Cabe destacar una de las primeras narraciones épicas de la humanidad, el *Poema de Gilgamesh* (2500-2000 a. C.), poema épico que cuenta la historia del rey de Uruk. Se trata de una de las primeras leyendas conocidas.

LITERATURA EGIPCIA

La civilización egipcia se desarrolló a orillas del río Nilo. La literatura del Antiguo Egipto engloba diversas formas narrativas y poéticas que no suelen definirse como literatura en un sentido más actual, pero que podemos destacar por su antigüedad: inscripciones, mitos, textos religiosos, sapienciales, cartas… Estaban escritas con jeroglíficos, un sistema de escritura que combina tres tipos

Papiro de Hunefer, una de las versiones del *Libro de los muertos*.

de símbolos: unos representan conjuntos de palabras; otros, significados; y otros, sonidos. Junto a la escritura jeroglífica surgió una segunda más fácil de usar, llamada hierática, que solía emplearse en los papiros. Los primeros ejemplos de escritura egipcia proceden del periodo dinástico temprano (6000-3150 a. C.) en forma de listas de ofrendas.

La época de esplendor de la literatura egipcia se corresponde con el Imperio medio (2040-1782 a. C.) y es entonces cuando se concibió una de las narraciones más célebres de la literatura egipcia, la *Historia de Sinuhé*. Sin embargo, el texto más conocido y mejor conservado data del Imperio nuevo (1782-1570 a. C.): el *Libro de los muertos*. Se trata de un compendio de instrucciones para la vida después de la muerte, una especie de guía para el más allá.

LITERATURA INDIA

La literatura india nació en el valle del Indo, zona que se corresponde con los actuales Pakistán e India (noroeste del país). Los cuatro textos conservados más antiguos datan del periodo védico y se escribieron en sánscrito. Estos cuatro textos se denominan «vedas» («conocimiento») y fueron la base de las creencias védicas, el pilar de la actual religión hinduista. Se trata de textos religiosos, himnos y colecciones de oraciones. El más antiguo de ellos es el conocido como *Rig-veda* y se remonta aproximadamente al año 1500 a. C.

Las dos grandes epopeyas de la literatura india datan del periodo clásico, aunque se recogieron por escrito en el siglo II a. C. Se trata, por una parte, del *Mahabharata*, atribuido a **Viasa** (siglo IV a. C.): contiene 220 000 versos y se considera una de las obras más extensas de la literatura universal. Y, por otra, del *Ramayana*, atribuido a **Valmiki** (siglo II a. C.), obra que cuenta las hazañas del príncipe Rama. En el género narrativo destaca el *Panchatantra*, colección de fábulas atribuidas a **Vishnú Sharma** que se remontan al siglo III a. C. Varias centurias más tarde, Alfonso X el Sabio mandaría traducir esta obra bajo el título de *Calila e Dimna*.

LITERATURA CHINA

La literatura china es una de las más antiguas del mundo. Las primeras manifestaciones de poesía datan del siglo XI a. C.

El *Shi jing* es una recopilación de poemas compuestos entre los siglos XI y VI a. C., algunos de los cuales vienen acompañados del nombre de su autor, en su mayoría, nobles. Según el célebre historiador Sima Qian (149-90 a. C.), el *Shi jing* original contenía unos tres mil poemas, de los cuales se dice que Confucio seleccionó los trescientos cinco que conforman la versión actual. *Shi* significa «poemas», mientras que *jing*, «cánones», motivo por el que también se lo conoce como *El libro modelo de poemas*; de hecho, ha ejercido una gran influencia en generaciones posteriores.

Qu Yuan (340-278 a. C.) fue el primer poeta reconocido en China. Escribió una colección de poemas conocida como *Chu ci*, cuyo origen se remonta a canciones populares, mitos y leyendas locales. *Li sao* es uno de sus más célebres poemas y, junto con otros, fue editado por sus discípulos.

Cabe destacar a dos grandes filósofos, **Confucio** (siglo VI a. C.) y **Lao Tse** (siglo V a. C.). Las enseñanzas de Confucio las recogieron sus discípulos en la obra *Lun yu*. Las ideas filosóficas y también religiosas de Lao Tse se encuentran en el *Tao te king* y son la base de la religión taoísta.

LITERATURA HEBREA

La literatura hebrea antigua abarca las obras escritas en esta lengua que provienen tanto de autores judíos como no judíos y que tiene su origen en los primeros textos bíblicos, que se remontan al siglo x a. C. La obra más destacable es la Biblia, una colección de escritos —la Sagrada Escritura— en los que se fundamentan las religiones judía y cristiana. La Biblia está formada por el Antiguo Testamento (siglos x-i a. C.), escrito en su mayoría en hebreo; y el Nuevo Testamento (siglo i a. C.), escrito en griego.

Los libros del Antiguo Testamento son de diverso tipo: históricos, poéticos, proféticos y sapienciales. La Torá es el conjunto de escrituras sagradas del judaísmo, que incluye los cinco primeros libros: Génesis, Éxodo, Levítico, Números y Deuteronomio. Destacan también los Salmos y el Cantar de los Cantares, obra que influyó en la mística cristiana.

Entre los libros del Nuevo Testamento destacan los cuatro evangelios de los apóstoles, los Hechos de los Apóstoles y el Apocalipsis.

PRIMERAS CIVILIZACIONES

(LITERATURA OCCIDENTAL)

LITERATURA CLÁSICA GRIEGA

La antigua Grecia es la cuna de la civilización occidental. La fuente principal de inspiración de su literatura es la mitología, en la que los dioses se presentan como seres próximos a los humanos, con debilidades y virtudes.

Los griegos destacaron en diversos géneros, sobre todo en poesía épica, poesía lírica y teatro. A su vez, la literatura griega se divide en cuatro grandes periodos: arcaico, clásico, helenístico y bizantino. La época arcaica (siglos IX-V a. C.) y la clásica (siglos V-IV a. C.) son las de mayor desarrollo literario.

Homero (siglo VIII a. C.) fue el autor más célebre de la epopeya griega. La *Ilíada* narra episodios de la guerra que mantuvo Grecia con la ciudad de Troya. La *Odisea* narra las aventuras de Ulises (Odiseo) en el viaje de regreso a Ítaca tras el fin de la guerra de Troya. Coetáneo a Homero fue **Hesíodo** (siglo VIII a. C.), autor de *Los trabajos y los días*, obra didáctica en la que se hace apología del trabajo.

Ilustración de la fábula «El oso y la miel», de Esopo.

En poesía, destacan **Safo** (630-570 a. C.), considerada la poetisa del amor, y **Anacreonte** (582-485 a. C.), creador de sátiras y poemas breves dedicados a la alegría de la vida y del amor.

Esopo (siglo VI a. C.) escribió fábulas moralizantes que durante siglos han sido adaptadas con gran éxito y han tenido una gran influencia en generaciones posteriores de escritores. Algunas de ellas son «La zorra y las uvas» o «La rana y el escorpión».

Esta época destaca por la creación de dos grandes géneros en teatro: la tragedia y la comedia. Las tragedias tenían como protagonistas a dioses y héroes, pero también al coro, que era una especie de personaje colectivo. Los tres grandes autores de tragedias vivieron en el siglo V a. C.: **Sófocles**, con obras como *Antígona, Electra* o *Edipo rey*; **Eurípides**, autor de *Medea* y *Electra;* y **Esquilo**, con *Prometeo encadenado*. **Aristófanes** destacó como autor de comedias con obras como *Lisístrata*, historia de corte feminista y pacifista en la Grecia del siglo IV a. C.

Cabe destacar otros géneros, como la didáctica, la filosofía, la oratoria o la prosa histórica. Otros autores de este periodo fueron los grandes filósofos **Platón** (427-349 a. C.) y **Aristóteles** (384-322 a. C.), que, en su *Poética*, modelo de referencia literaria durante siglos, fundamenta las bases de los géneros dramáticos.

LITERATURA CLÁSICA LATINA

La literatura latina hizo difusión de la literatura griega y tuvo gran dependencia de ella y de su mitología. Aunque se extendió en el tiempo debido a que el latín fue lengua de cultura en la Edad Media e incluso durante el Renacimiento, estrictamente comprende las obras escritas en latín por autores del Imperio romano de Occidente (27 a. C.-476 d. C.). La literatura latina se divide en cuatro grandes periodos: arcaico, clásico, posclásico y tardío. Destacan, desde el punto de vista literario, la época arcaica (siglos III-I a. C.) y la clásica (siglos I a. C. y I d. C.).

En el periodo arcaico, dos de los dramaturgos más célebres fueron **Plauto** (254-184 a. C.), con comedias como *La olla* o *El soldado fanfarrón*, y **Terencio** (185-159 a. C.). En prosa histórica cabe mencionar a **Catón el Censor** (234-140 a. C.), primer autor latino conocido en prosa.

El periodo clásico comprende desde la época del filósofo Cicerón (siglo I a. C.) hasta la del primer emperador de Roma, Augusto (siglo I d. C.), por lo que abarca desde el final de la República hasta los primeros años del Imperio.

En poesía, dos fueron los poetas más destacables: **Lucrecio** (99-55 a. C.) y **Catulo** (84-55 a. C.), célebre por los poemas de amor dedicados a Lesbia. **Plubio Virgilio Marón** (70-19 a. C.) destaca en poesía lírica con sus *Bucólicas*, conjunto de poesía idílica pastoril en forma de églogas, pero también con la *Eneida*, poema épico inspirado en la *Ilíada* y la *Odisea*, de Homero, que cuenta los orígenes míticos de la creación de Roma. **Quinto**

Horacio Flaco (65-8 a. C.) da lugar en sus *Épodos* a la creación del tópico *beatus ille* (alabanza de la vida retirada). **Plubio Ovidio Nasón** (43 a. C.-18 d. C.) fue el poeta latino por excelencia del amor con su *Arte de amar,* aunque las *Metamorfosis* es su obra más célebre, ya que en ella combina mitología e historia de la antigüedad romana. En sus páginas se explican cientos de mitos y leyendas en los que se producen transformaciones de dioses, animales, seres animados e inanimados.

En prosa, *El asno de oro*, de **Apuleyo** (125-170 d. C.), es la única novela de literatura latina que se conserva completa; se trata de una colección de historias y fábulas concebidas con gran ingenio. **Julio César** (100-44 a. C.) y **Salustio** (86-35 a. C.) cultivaron, por su parte, la prosa histórica. La época del emperador Augusto (63 a. C.-14 a. C.) se considera la de mayor esplendor de la literatura latina. El propio Augusto y algunos nobles actuaban como mecenas de escritores, dando así impulso a la literatura.

El rey Licaón transfomado en lobo por Zeus. Ilustración de una edición de 1589 de las *Metamorfosis* de Ovidio.

LITERATURA PREHISPÁNICA (HISPANOAMÉRICA)

Página del Libro IV del *Códice Florentino* escrito en lengua náhuatl con caracteres latinos (siglo XVI).

Se denomina «literatura antigua prehispánica» a aquellas manifestaciones anteriores a la llegada de los colonizadores europeos (1492) al continente americano y a las que surgieron durante el primer periodo tras el contacto colonial.

Durante la época prehispánica, las obras se transmitían oralmente y estaban vinculadas con ceremonias y rituales relacionados con las propias culturas autóctonas y también con historias de su imaginario mitológico. Cronistas como el español Cristóbal de Molina (1529-1585) transcribieron estas manifestaciones, dejando por escrito bellas composiciones líricas, narrativas, épicas e incluso textos de tipo legal.

Las tres culturas principales fueron la de los aztecas (lengua náhuatl), mayas (lengua maya) e incas (lengua quechua).

*Uno a uno,
todos somos
mortales.
Juntos, somos
eternos.*

APULEYO

———

Literatura medieval

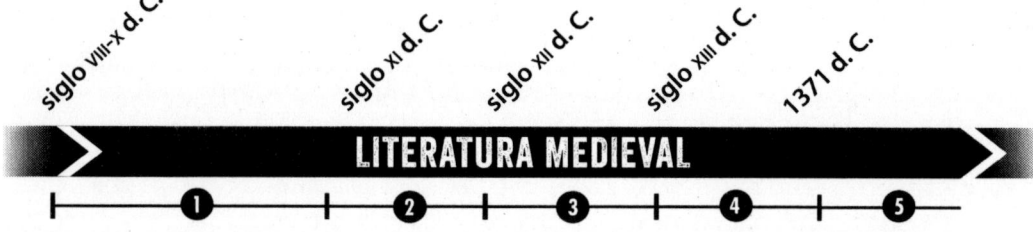

siglo VIII-X d. C. siglo XI d. C. siglo XII d. C. siglo XIII d. C. 1371 d. C.

LITERATURA MEDIEVAL

❶ *Edda* nórdicas
siglos VIII-X

❷ *Jarchas* mozárabes
siglo XI

❸ Chrétien de Troyes.
El caballero de la carreta
siglo XII

❹ *Cantar de los nibelungos*
siglo XIII

❺ Dante Alighieri.
Divina comedia
1371

Se denomina «Edad Media» a la etapa de la historia de la civilización occidental que abarca desde el fin del Imperio romano de Occidente (476 d. C.) hasta la caída de Constantinopla en 1453. En 1469, se tiene noticia de la primera mención a este concepto, cuando Giovanni Andrea Bussi, humanista del Renacimiento italiano, escribió una necrológica en alabanza al cardenal Nicolás Cusa, del que se decía que «tenía gran conocimiento de las letras antiguas, *medias* y modernas». El origen del término se remonta al siglo xv, cuando diversos humanistas advirtieron que entre el mundo clásico y el renacer que estaban viviendo, lo que pronto sería el Renacimiento, se extendía un periodo intermedio, calificado de «oscuro» y marcado por la ignorancia. Maquiavelo habla de «edad miserable» y Giorgio Vasari, de «tiempos toscos». No será hasta el siglo xix cuando comience a producirse un cambio en esa concepción.

Una de las características más relevantes en el ámbito cultural de la época medieval fue la fuerte presencia de las religiones monoteístas, caracterizadas por una mentalidad teocéntrica (Dios como núcleo de la existencia).

Hubo otros factores importantes que también intervinieron en la evolución de los reinos medievales europeos: el nacimiento de las lenguas europeas, el alto índice de analfabetismo, el desarrollo de los monasterios como centros garantes de cultura y la extensión en las universidades de la escolástica, doctrina que conciliaba la fe en los dogmas católicos con la razón y el saber clásico.

En Europa, la sociedad medieval se dividía en dos grupos de personas: los *literati* (conocedores del latín y de la lengua escrita) y los *illiterati* (analfabetos). Ante el nacimiento de las lenguas europeas y, sobre todo, desde la difusión de su puesta por escrito, esta oposición, que había estado muy marcada en una sociedad estratificada por estamentos sociales, se empezó a atenuar. El cultivo literario de las nuevas lenguas europeas fue el que con el tiempo las normalizó y generalizó. El nacimiento de la imprenta garantizó, además, la fijación progresiva de las nuevas lenguas que se iban extendiendo por Europa.

Se considera literatura medieval el conjunto de obras escritas dentro de esta etapa de la historia. En una sociedad mayoritariamente analfabeta, las manifestaciones literarias se transmitían principalmente por vía oral. La imprenta no cambió, al menos en esencia, el panorama, ya que los niveles de analfabetismo (en el año 1000 la población letrada en Europa no llegaba al 2 %) eran muy altos. Durante siglos, sectores de población distintos a la nobleza o el clero no tenían acceso a las manifestaciones literarias escritas. La oposición entre *literati* e *illiterati* coincide en esta época con la existente entre el clero y el resto del pueblo, aunque con el tiempo desaparece. Una cultura literaria basada en la transmisión oral es una «cultura de ritmo lento», ya que depende de factores como la memoria, el estilo formulario para organizar los textos o la repetición.

En la Edad Media, el libro es un objeto raro y costoso; está en poder de unos pocos. En el mundo occidental, las bibliotecas eran escasas y estaban vinculadas a monasterios y universidades. En cambio, en al-Ándalus y el mundo oriental, las bibliotecas, centros culturales y de conocimiento, eran numerosas y jugaron un papel importante en la conservación y difusión de manuscritos.

LÍRICA POPULAR

La lírica popular es la manifestación más antigua de la literatura, ya que tiene su origen en composiciones que se transmitían de forma oral mucho antes de la creación de la escritura. En su origen, refleja de alguna manera un monólogo de mujer, aspecto no exclusivo del ámbito románico, sino que también está presente en el mundo árabe, germánico y anglosajón. Este lirismo en boca de la mujer que predomina en las primeras manifestaciones de la lírica popular expresa confidencias realizadas a la madre, a las hermanas o incluso a la naturaleza, en forma de quejas por la ausencia del amado. Se trata de un estilo caracterizado por la subjetividad, el tratamiento del amor (ausencia del amado o amor no correspondido) y la importancia de la naturaleza.

El primer testimonio escrito de lírica popular, en lengua romance —en concreto, en lengua mozárabe—, lo constituyen las jarchas. Estas composiciones eran breves poemas escritos por poetas de al-Ándalus. Se incluían al final de composiciones más extensas escritas en árabe o hebreo llamadas «moaxajas». La primera jarcha data de mediados del siglo XI.

Por su parte, las cantigas de amigo tienen su origen a finales del siglo XII y existen en todas las tradiciones romances. Pertenecen al registro poético popular pretrovadoresco. A partir del siglo XIII, trovadores y poetas cortesanos también las escriben. Expresan un lirismo amoroso de queja, de lamento, también desde el punto de vista femenino. Sus dominios fundamentales fueron Francia y el ámbito gallego-portugués.

Otro tipo de composiciones populares fueron los villancicos castellanos, canciones profanas con estribillo y métrica irregular en sus orígenes que se caracterizaban por tratar diversos temas: amor, naturaleza, trabajo y labores de campo, fiestas o asuntos satírico-burlescos.

La llamada «canción de mujer» se desarrolla a lo largo de toda Europa entre los siglos XI y XIII. Forma parte de la lírica popular y algunos trovadores la componían desde el punto de vista de la mujer. En Alemania, destacan las *Frauenlieder*; en Francia, las *chansons de femme*, las *chansons de malmariée* (malmaridada), las *chansons de toile* (en las que una mujer teje, lee o pasea), las *chansons d'ami* (de amigo) y las *aubades* (canciones de alba). En Inglaterra, hay ejemplos de estas composiciones en el *Libro de Exeter* (siglo XI).

La lírica popular se caracteriza por ser anónima y de transmisión oral. Con el paso del tiempo nace la figura del «juglar», artista difusor de esa tradición oral que viajaba por los pueblos. En la península ibérica, la primera referencia a esta palabra es del año 1116. Su origen etimológico proviene del latín tardío *ioculātor*, palabra que alude al juego y las bromas. Se denomina «mester de juglaría» al conjunto de manifestaciones líricas y épicas de origen popular difundidas por los juglares. Decía Ramón Menéndez Pidal, historiador y medievalista español, que la juglaría era el modo de mendicidad en el que se refugiaban truhanes, infelices y estudiantes con aptitudes artísticas.

Existían diferentes tipos de juglares, ya que, además de recitar y cantar, podían actuar con animales, hacer juegos malabares, tocar instrumentos musicales… Su intención era entretener, a la vez que transmitían noticias.

LÍRICA CULTA

LÍRICA TROVADORESCA

El término *trovador* nace para diferenciarse socialmente de los juglares, puesto que estos últimos provenían de un estrato social inferior y llevaban una vida al margen del buen vivir. Los trovadores solían tener un estatus social bastante elevado: el propio rey Alfonso X de Castilla o el rey don Denís de Portugal fueron trovadores. Componían y no necesitaban de su arte para vivir, a diferencia del juglar.

Mientras que el ámbito de actuación de los juglares se asociaba a los momentos en los que se ponía de relieve la diversión, el de los trovadores no, ya que estos últimos contaban con formación intelectual, sabían leer y escribir, por lo que componían y podían difundir su obra por otras vías. El estilo poético cultivado por trovadores se denomina «lírica trovadoresca».

La lírica trovadoresca nace en el sur de Francia, pero se extiende rápidamente por el resto de Europa y adquiere especial relevancia en el ámbito catalán y gallego-portugués con trovadores como **Martín Códax** (siglo XIII), **Fernan Figueira de Lemos** (siglo XIII) o **Guillem de Berguedà** (1138-1196).

Aunque los trovadores componían poesía en lengua provenzal u occitano (*langue d'oc*), escrita para ser cantada al son de la música, la *langue d'oil*, la lengua del norte que acabó evolucionando y dando lugar al francés actual, fue ganando terreno. Los llamados «cancioneros» recogerán en los siglos XIII y XIV estos textos junto con la notación musical que los acompañaba. En el año 1153, **Leonor de Aquitania** contrajo matrimonio con quien sería el rey de Inglaterra, Enrique II; se unían así vastos territorios de Francia e Inglaterra. En su corte, Leonor propició la lírica trovadoresca y fue mecenas de muchos trovadores. Entre los trovadores provenzales más célebres destacaron **Guillermo de Aquitania**, **Bertrand de Born** o **Jaufré Rudel**. Las principales figuras de la lírica amorosa medieval europea son en su mayoría hombres, pero existen excepciones, como es el caso de las *trobairitz* francesas, trovadoras de origen noble que componían y tocaban instrumentos musicales; es el caso, por ejemplo, de **Almucs de Castelnau**, **Maria de Ventadorn** o **Beatriz de Dia**.

Una de las primeras poetas en escribir en francés fue **María de Francia** (finales del siglo XII), célebre por sus *lais*, unas breves narraciones en verso.

El continuo contacto entre la nobleza occitana, francesa y alemana en la época de las cruzadas propició el nacimiento de la canción trovadoresca alemana o *Minnesang* (vocablo que alude al «amor» y al «canto»), canciones de amor recitadas por los *Minnesanger* germánicos entre los siglos XII y XIV. Entre ellos, cabe destacar a **Walther von der Vogelweide**.

La lírica culta medieval europea desarrollaba los principios del amor cortés. Este código dominó las manifestaciones líricas y encontramos así testimonios tanto en los *Minnesang* germánicos como en el zéjel castellano o en las composiciones de lírica gallego-portuguesa. Con todo, la expresión «amor cortés» es reciente. El famoso lingüista Gaston

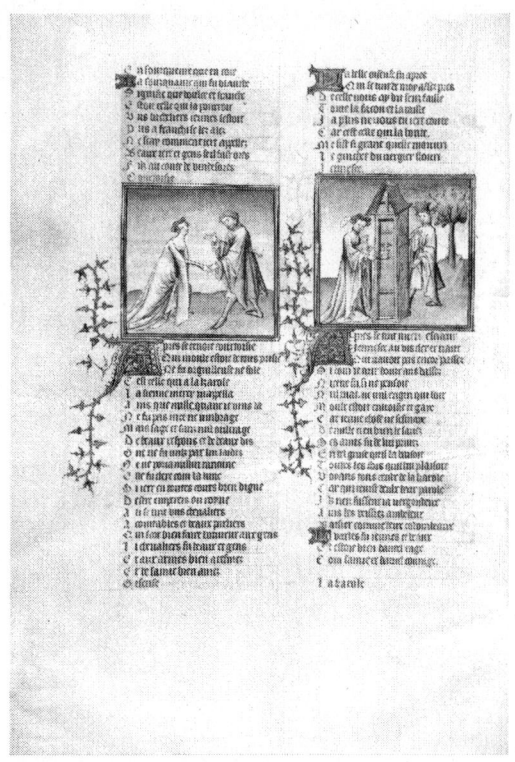

Courtesy with a knight, idleness opening the door (alegoría de la cortesía y la apatía). Museo Getty, Los Ángeles (c. 1405).

Paris la acuñó en 1883 para referirse al amor fino, puro (*fin'amor*). Según este tipo de amor, el caballero se sitúa en un plano muy inferior al de la dama, a quien debe obediencia y servicio amoroso. Se trata de un amor sin recompensas, que se vive como una religión: la dama es tratada como un ser divino. Como oposición al *fin'amor* surge el *fals'amor*, que supone sustituir lo espiritual por lo carnal y el gozo momentáneo.

LÍRICA RELIGIOSA

Durante los siglos XIII, XIV y XV, algunos autores buscan expresar sus sentimientos de manera distinta a la lírica provenzal. En la península ibérica, el gallegoportugués era lengua de prestigio de la lírica. El propio rey de Castilla y León, **Alfonso X**, usó el gallego en sus *Cantigas*, composiciones de corte trovadoresco, pero de temática muy diferente, religiosa, en honor a la Virgen.

Destaca por las bellas ilustraciones y por acompañarse de la melodía y partitura de cada cantiga.

LÍRICA FILOSÓFICA Y EXISTENCIAL

En la literatura catalana destaca **Ausiàs March**, con gran conocimiento de la literatura clásica. En poemas como *Cants d'amor* y *Cants de mort*, reflexiona sobre la vida y analiza de manera profunda sus sentimientos. En Francia, los versos de **François Villon** reflejan su espíritu rebelde al cantar a la vida, al placer y el amor, aunque en su obra *Testamento* reflexiona sobre algunos tópicos muy de su tiempo, como el *tempus fugit*, el *collige virgo rosas* o el *ubi sunt*.

LÍRICA ARÁBIGO-ANDALUSÍ

La influencia árabe en la poesía de al-Ándalus es enorme. Destaca durante los siglos VIII y IX la poesía udrí árabe, que transporta a un espacio lejano (aunque se cultive en la península ibérica bajo dominio islámico) y que, al igual que la poesía trovadoresca, también ponía a la dama en un pedestal inalcanzable. Entre los representantes más destacados está **Ibn Hazm** (siglo XI).

LÍRICA HISPANOHEBREA

La convivencia en la España medieval de los credos cristiano, judío e islámico contribuyó a la creación de textos con gran influencia de las tres culturas, tal y como se puede constatar en las jarchas de **Yehudá ha-Levi** (siglo XII), que tienen gran influencia árabe.

LÍRICA JAPONESA

En el siglo IX, nace en Japón un tipo de composición llamada *waka* (canción o poema japonés). Se cree que este término surgió para diferenciar la poesía japonesa de la china (esta última, propia de los poetas cultos de Japón durante la dinastía Tang).

Existían dos tipos de *waka*: uno más extenso y otro más breve. De este último, deriva el *haiku* japonés.

El *Man'yoshu* y el *Kokinshu* son las antologías de textos más antiguas conservadas e incluyen miles de composiciones de diversa autoría (nobles, soldados, sacerdotes, personas anónimas...).

LÍRICA CHINA

Se suele afirmar que China es la nación con más producción poética y una de las que más la valora. En época de la emperatriz Wu Zhetian (684-704), para optar a un puesto de funcionario se debían tener conocimientos teóricos de poesía y saber componer versos. La *Crónica de la poesía de la dinastía Song* contiene obras de más de tres mil poetas comprendidos entre los años 960 y 1279.

LOS GOLIARDOS

En Europa, en los siglos XII y XIII, se llamaba *goliardi* a los estudiantes universitarios y clérigos errantes que escribían un tipo de poesía culta en latín. Su intención no era entretener, sino simplemente exaltar la vida alegre de manera burlesca, con composiciones dirigidas a una minoría culta, ya que el uso y la comprensión del latín comenzaban a decrecer.

Estos poemas se recogieron en cancioneros; uno de los más afamados es el *Carmina Burana* (siglos XII y XIII).

ÉPICA MEDIEVAL

En la Europa medieval del siglo VIII surgen poemas épicos anónimos que cuentan las hazañas de héroes muy idealizados, tanto legendarios como históricos. Son los cantares de gesta.

La transmisión de esa poesía narrativa era oral, cantada por juglares que iban de pueblo en pueblo, entreteniendo a un público mayoritariamente analfabeto que deseaba conocer su historia. Los juglares memorizaban las composiciones y para ello se ayudaban de versos largos monorrimos, de recursos mnemotécnicos y de fórmulas fijas, como repeticiones, paralelismos, epítetos épicos o vocativos. A veces improvisaban, dramatizaban sirviéndose del diálogo de los personajes y conseguían mantener la atención del auditorio dejando el relato en suspensión o interpelando directamente al público presente.

Estos poemas narrativos se compusieron en Europa entre los siglos VIII y XIII, y algunos de ellos se han conservado gracias a la transmisión oral y a que los copistas preservaron su continuidad poniéndolos por escrito.

ÉPICA ROMÁNICA

En la Europa medieval románica destacan, sobre todo, los cantares de gesta franceses y los castellanos. La épica castellana era mucho más realista que la francesa y se centraba en la temática cristiana-musulmana de la época de la Reconquista. Los cantares de gesta solían agruparse en «ciclos» dedicados a un héroe, a su linaje o a otros temas concretos.

Dentro de la épica francesa, el *Cantar de Roldán* es el poema narrativo más célebre. Pertenece al ciclo carolingio (relativo a Carlo Magno) y la versión más antigua conservada, tal y como figura en su último verso, es de finales del siglo XI. Consta de cuatro mil versos decasílabos de rima asonante que cuentan la derrota de Carlomagno en la batalla de Roncesvalles. Como elemento fantástico propio de la épica francesa, cabe citar cómo los arcángeles bajan del cielo a luchar con el ejército francés.

En Castilla, el *Cantar de Mio Cid* es la obra más importante. La primera copia que se conserva es de **Per Abbat** y se remonta a 1207. Se compone de tres cantares con un total de casi cuatro mil versos, en su mayoría alejandrinos y de rima asonante. Abarca un momento concreto en la historia de Rodrigo Díaz de Vivar: la pérdida y posterior recuperación de la honra. La obra comienza con su destierro y continúa con la conquista de tierras en la España bajo dominio islámico, la recuperación del favor real, las bodas de sus hijas, la afrenta de los infantes de Carrión y el posterior juicio.

En España, los juglares desgajaron los versos de las escenas más aplaudidas del cantar de gesta, creando así poemas breves independientes: los romances. Durante el siglo xv se recogieron y publicaron en lo que se denomina el *Romancero viejo*.

ÉPICA ANGLOSAJONA

Beowulf es un poema épico compuesto en Inglaterra a principios del siglo ix y conocido por un manuscrito del siglo siguiente. Narra con tintes fantásticos la historia del rey godo Beowulf, que vivió en el siglo vi. Mezcla tanto elementos históricos como sobrenaturales. Beowulf fue un personaje célebre por las batallas contra los francos, pero en la obra el protagonista muere tras sufrir un ataque de un dragón. El

Beowulf, manuscrito del siglo x.

poema está plagado de descripciones de monstruos fantásticos y horribles.

ÉPICA GERMÁNICA

El *Cantar de Hildebrand* se considera el poema épico germánico conservado más antiguo. Data del siglo VIII y en él se mezclan sentimientos patrióticos y religiosos. El *Cantar de los nibelungos*, del siglo XIII, es, sin embargo, la epopeya alemana más célebre. El poema consta de treinta y nueve cantos y más de ocho mil versos, con una estructura de estrofas de cuatro versos cada una. Esta obra recrea mitos y leyendas de las *edda* nórdicas y se centra en la figura del héroe alemán, Sigfrid. En ella destacan las escenas de violencia y venganza.

ÉPICA NÓRDICA

Las primeras manifestaciones épicas nórdicas datan de finales del siglo VIII y se localizan a lo largo de toda Escandinavia, así como en Islandia. Son las *edda*, cantos breves que narraban historias mitológicas, muchas de ellas dedicadas a los dioses (Thor, Balder, Odín…) y a héroes históricos nórdicos. Las sagas también eran narraciones breves con tintes mitológicos, pero centradas en contar historias de reyes y otros personajes célebres de la época. Sin embargo, en el siglo XIII se desarrolló en Islandia un género literario del mismo nombre que contaba narraciones de hechos reales o ficticios con protagonistas de todo tipo, de vikingos a campesinos o poetas.

ÉPICA PERSA

El libro de los reyes o *Shahnameh* es una obra de enormes dimensiones escrita en persa por **Hakim-Abdul-Qasim Firdusi** a finales del siglo X, más de tres siglos después del sometimiento del antiguo Imperio persa al dominio árabe. Se considera la epopeya nacional del actual Irán. En ella se funden relatos y leyendas de distintas procedencias (aria, babilonia, griega, persa…) en torno a su héroe por excelencia, Rostam. La historia se ambienta dentro del marco del enfrentamiento entre persas y turanios en el Gran Jorasán, territorio algo impreciso que en la actualidad se corresponde con parte de los actuales Irán, Afganistán, Tayikistán, Turkmenistán y Uzbekistán.

ÉPICA JAPONESA

El *Cantar de Heike*, del siglo XIII, es considerado un clásico de la literatura japonesa, a medio camino entre la epopeya y la elegía. En él se funden numerosos relatos, leyendas e historias provenientes de la tradición oral. Narra la historia del enfrentamiento de dos clanes militares, los Genji y los Heike.

PROSA MEDIEVAL

ROMAN COURTOIS Y NOVELAS DE CABALLERÍAS

Se dice del *roman courtois* («novela cortesana») que es el precedente de la novela de caballerías. Se trata de una narración culta en verso concebida para ser leída. El término *roman* se creó en la Edad Media, ya que no existía como tal un equivalente del ámbito grecolatino. Su origen, sin embargo, es un étimo latino: *romanace* evoluciona a *romance* en español; a *romanzo* en italiano; a *romanz* en francés antiguo. Este término latino aludía a «la lengua vulgar de las naciones romanizadas». Hay, por tanto, una estrecha relación entre el género y el público no letrado al que se destinaba.

El término *roman* acabará fijándose con el significado de «discurso de ficción narrativa, en verso o prosa». A mediados del siglo XII se comienzan a traducir al francés poemas épicos latinos, como el *Roman de Troie* (adaptación de la *Ilíada*, de Homero) y el *Roman d'Enéas* (adaptación de la *Eneida*, de Virgilio). Junto al «ciclo de la materia de Roma», nace otro, el de la «materia de Bretaña», que incluye obras cuya acción se desarrolla en la Bretaña francesa o zonas de Gran Bretaña, como Cornualles y Gales. Este último también se conoce como «ciclo artúrico», ya que las obras se ambientaban en la legendaria corte del rey Arturo. La obra más destacable del ciclo artúrico es *Tristán e Iseo*, de la que se cree que existió un ejemplar en el siglo XII. Sin embargo,

la versión más conocida es la de **Béroul** y **Thomas de Inglaterra**. En ese mismo siglo, **Chrétien de Troyes** (1135-1190) fue el escritor más reconocido, autor de obras como *Lancelot, El cuento del Graal* o *El caballero de la carreta*.

En español, la palabra *romance* quedará relegada a otros significados y comenzarán a usarse palabras distintas respecto de sus homólogas europeas, como *historia* o *novela*. De finales del siglo XII data *La gran conquista de ultramar,* un relato novelesco de la conquista de Jerusalén en la primera cruzada. Esta obra se considera la precursora de las novelas de caballerías.

A partir del siglo XIV, la fusión de las hazañas narradas en la literatura épica y del *roman courtois* propicia la aparición en la península ibérica de las primeras novelas de caballerías, que se extenderían rápidamente por Europa. Es el caso, por ejemplo, del *Libro del caballero*

Zifar (1300). La novela de caballerías fue un género muy popular que se desarrolló hasta el siglo XVI con gran éxito. Ejemplo de ello son las obras *Tirant lo Blanc* (1490), de **Joanot Martorell**, o *Amadís de Gaula* (1508), de **Garci Rodríguez de Montalvo**.

En estas obras, un caballero noble, modelo ejemplar de hombre, se enfrenta a aventuras fantásticas y a seres sobrenaturales.

NARRACIONES EN VERSO

Gran parte de la literatura medieval iba destinada a un público que no sabía leer ni escribir, por lo que el fin de estas obras narrativas escritas en verso era, en la mayoría de los casos, didáctico y moralizante.

Francia

Los *fabliaux* eran cuentos breves en verso, de tipo satírico-burlesco, con personajes y temáticas populares. El *Roman de Renart* contenía hasta veinte poemas narrativos breves de diferentes autores en tono cómico, protagonizados por animales que reflejan las pasiones y vicios de los seres humanos. Se cree que la primera versión data del siglo XII y tuvo un gran éxito durante los dos siglos posteriores. El *Roman de la rose* es un extenso poema alegórico de temática amorosa escrito por **Guillaume de Lorris** entre 1220 y 1235 que cuenta con una segunda parte, compuesta por **Jean de Meung** alrededor de 1270. En él se relata la conquista amorosa de una joven siguiendo la tradición del amor cortés, antes aludida. La poeta y escritora **Christine de Pizan** (1364-1430) responde a esta obra con *El libro de la ciudad de las damas* (1405), considerada una de las primeras obras feministas de la historia.

Manuscrito del siglo XV del *Roman de la rose*. Librería Nacional de Polonia, Varsovia (1390).

Península ibérica

En Castilla, a partir del siglo XIV, se extiende un tipo de narración en verso estructurada en estrofas de cuatro versos alejandrinos que rimaban entre sí: la cuaderna vía. Estas obras tenían una finalidad didáctica y moralizante, pero trataban tanto temas profanos como religiosos. Los autores eran escritores cultos, clérigos, lo que explica que esa tendencia se denominase «mester de clerecía» («profesión de clérigos»), en oposición al «mester de juglaría».

El primer poeta ibérico que firma sus obras es **Gonzalo de Berceo**, en su obra *Milagros de nuestra señora*, donde narra siguiendo la cuaderna vía veinticinco milagros atribuidos a la Virgen. De entre todas las obras, destaca el *Libro de buen amor*, escrito en 1330 por el **Arcipreste de Hita**. De forma autobiográfica, relata las aventuras amorosas del narrador. Aunque el propio autor dice en el prólogo que la intención es moralizante y que pretende contrastar el «buen amor» frente al «loco amor», muchos lo han puesto en duda debido al tono distendido de la obra.

Inglaterra

Geoffrey Chaucer, poeta y también traductor al inglés del *Roman de la rose*, escribió a finales del siglo xiv los *Cuentos de Canterbury*. Se trata de una colección de relatos unidos por un hilo conductor: diversos peregrinos que viajan hacia la Abadía de Santo Tomás de Canterbury y que se hospedan en una posada relatan cuentos para entretenerse. El posadero decidirá cuál ha sido el mejor. Uno de los méritos del libro es la diversidad coloquial y una visión vitalista más propia del Renacimiento.

Italia

No es hasta el siglo xiii cuando aparecen las primeras manifestaciones literarias escritas en lengua italiana. Hasta entonces, se seguía escribiendo en latín, así como en francés, según los preceptos de la lírica provenzal. El propio **Marco Polo** dicta sus viajes a un traductor para que los transcriba al francoitaliano, lengua común en la época.

PROSA EN ÁRABE

Con la expansión del pueblo árabe, se expande su literatura. Los copistas traducen a esta lengua obras de distintas culturas, como, por ejemplo, la colección de relatos morales indios *Calila e Dimna*.

La colección de cuentos más importante de la literatura árabe es *Las mil y una noches*. Muchos de los cuentos llegaron a Europa, de forma independiente, a través de al-Ándalus. La obra no tiene un autor único, ya que es producto de un proceso de difusión oral que, durante siglos, recorrió diversos países. A pesar de su origen profano, a partir del siglo XI los relatos se islamizaron y se eliminaron escenas violentas y eróticas. La historia central de la obra es la de Sherezade, que, para salvarse de morir a manos de su marido, el rey, le cuenta cada noche una narración para así entretenerlo. Tras mil y una noches, el rey acaba enamorado de ella y decide no matarla.

PROSA JAPONESA

Destaca *La historia de Genji*, de la escritora japonesa **Murasaki Shikibu** (978-1014). Se considera una obra maestra y una de las primeras novelas de la literatura universal.

PROSA HISTÓRICA Y DOCTRINAL

En Europa, las primeras manifestaciones en prosa respondían a la necesidad de escribir documentos y fueros, al principio de escasa trascendencia. A lo largo de todo el continente se empiezan a escribir documentos en lengua romance, como, por ejemplo, *Los juramentos de Estrasburgo*, redactado en el año 842 en un francés aún muy ligado al latín, o *El fuero de Avilés*, del año 1155, escrito en asturleonés.

Las llamadas «crónicas», del latín *chronica*, y esta a su vez del griego *cronos* («tiempo»), eran obras ingentes que relataban hechos históricos ordenados cronológicamente. Son la principal manifestación medieval de prosa histórica. Sustituyen a los cantares de gesta, ya que relatan las historias de un pueblo mezclando sucesos reales con otros legendarios. Destacan así la *Crónica general de España*, concebida a iniciativa del rey **Alfonso X el Sabio**, la *Historia de los francos*, de **Gregorio Tours**, o la *Historia de los reyes de Britania*, de **Geoffrey de Monmouth.**

Por su parte, los «anales» también tuvieron gran fama y en ellos se especificaba una relación de sucesos descritos año a año.

En la península ibérica, sobresale la figura del rey de Castilla **Alfonso X el Sabio** (1221-1284), que promovió no solo obras de historiografía, sino también obras jurídicas, científicas y de divulgación, como *Las siete partidas*, *Libros del saber de astronomía*, *El libro de ajedrez, dados e tablas* (considerado el primero sobre juegos de mesa escrito en Europa).

Este monarca también fue quien estuvo al frente de la Escuela de Traductores de Toledo. El propio rey coordinó las intensas actividades de traducción. La importante comunidad judía existente en Toledo, así como la vigencia del uso de la lengua árabe, crearon unas incomparables condiciones para realizar traducciones del árabe y el hebreo al latín, primero, y luego al castellano. De esta manera se facilitó el intercambio cultural pacífico entre cristianos, judíos y musulmanes, circunstancia histórica que permite que en la actualidad se hayan conservado textos que de otro modo se hubieran perdido.

El mallorquín **Ramon Llull** (1235-1315) ejerció una gran influencia en el pensamiento medieval con su obra *Ars magna,* un tratado de lógica. Se trata del primer autor no anónimo que escribió textos en prosa sobre temas humanísticos. También fue autor de novelas moralizantes, como *Blanquerna* (1283). El infante **don Juan Manuel** escribió la primera colección europea de narraciones breves moralizantes en el *Libro de los exiemplos* o el *Conde Lucanor* (1335).

TEATRO MEDIEVAL

El teatro medieval aparece muy ligado a las celebraciones religiosas: las primeras dramatizaciones incluían escenas de la Navidad o la Semana Santa. Con una población mayoritariamente analfabeta, se trataba de una manera entretenida de adoctrinar al pueblo. Ante el éxito de estas representaciones, que tienen lugar en la nave central de los templos religiosos, estos diálogos dramáticos se trasladan al atrio, ya que ofrece más espacio. Hay testimonios del siglo XII de representaciones teatrales en lengua romance con incorporación de elementos cómicos y, tiempo después, profanos.

Al teatro religioso pertenecen los «misterios» (episodios de la Biblia) y los «milagros de la Virgen» (obras en las que pecadores devotos de la Virgen acaban siendo salvados por ella). En el terreno profano, las farsas (obras burlesco-satíricas) coexisten junto con las danzas de la muerte, muy extendidas en toda Europa en el siglo XIV (la Muerte, personificada, interpela a diversas personas de todo tipo a bailar con ella, transmitiendo así el mensaje de que todos hemos de morir).

En Francia, destaca una comedia de 1262 de **Adam de la Halle**, *Jeu de la feuillée*. En la península ibérica, la obra teatral más antigua, de la que se conservan 147 versos, es el *Auto de los Reyes Magos* (siglo XII).

PRERRENACIMIENTO

A finales del siglo XIII nace una tendencia literaria medieval y prerrenacentista llamada *dolce stil nuovo* («dulce estilo nuevo»). Fue Dante quien en su *Divina comedia* se refirió a dicha tendencia con este nombre.

Por aquella época, un grupo de poetas trata de superar la lírica provenzal que había sido adaptada a la lengua toscana. Dan forma a una nueva concepción amorosa en la que el hombre está en un plano inferior a la mujer y él la adora como a un ser superior de gran belleza. Esa superioridad de la mujer (que responde al tópico de *donna angelicata*) es la que incita al poeta a buscar la perfección moral y a elevarse espiritualmente. Este nuevo ideal poético es más complejo y apasionado, con implicaciones filosóficas y psicológicas, pero a la vez muy meditado. Alguna de las características de esta poesía es la lengua refinada, la métrica regular, el uso de recursos literarios y una gran musicalidad.

Son tres los grandes escritores italianos de la literatura prerrenacentista: Dante Alighieri, Francesco Petrarca y Giovanni Bocaccio.

Dante Alighieri (1265-1321) es considerado uno de los grandes genios de la literatura universal. Destacan su *Canzoniere* y *Vita nuova* (obra dedicada a su amada Beatriz y escrita siguiendo los preceptos del *dolce stil nuovo*).

La *Divina comedia* es su gran obra maestra. La obra se divide en tres partes (Infierno, Purgatorio y Paraíso) y contiene 100 cantos compuestos en tercetos.

Escrita entre los años 1306 y 1320, cuenta el paso de Dante, guiado por Virgilio, por las diferentes esferas del infierno y del purgatorio. Finalmente, llega al paraíso guiado por su amada Beatriz. Su estilo mezcla de manera precoz rasgos medievales con características prerrenacentistas.

A **Francesco Petrarca** (1304-1374) se le considera «el primer hombre moderno», uno de los primeros humanistas y el gran precursor del Renacimiento. Fue un gran admirador de los clásicos y, aunque escribió principalmente en latín, es célebre por su poesía en italiano, como es el caso de sus obras *Trionfi* y *Canzoniere* (1350). En su cancionero, Petrarca alcanza la perfección como poeta. Consta de 366 poemas, en los que aúna el *dolce stil nuovo* con rasgos propios como, por ejemplo, introducir la temática de la introspección o reflexión interior como una manera de reflejar sus sentimientos. En esta obra canta al amor idealizado e imposible, encarnado en su amada Laura, a quien dedica la mayoría de los sonetos. Petrarca renueva la temática poética al recuperar tópicos latinos, como el *locus amoenus*, el *tempus fugit* o el *carpe diem*, al introducir elementos de la mitología y al consolidar el ideal de belleza femenina mediante metáforas o símbolos que tendrán gran influencia en la poesía renacentista.

Giovanni Bocaccio (1313-1375) es considerado uno de los padres de la novela breve moderna. Su obra más universal es el *Decamerón*, una colección de 100 cuentos que relatan diez narradores distintos durante los diez días que pasan refugiados huyendo de la peste. La temática de los cuentos es muy diversa, así como la pertenencia social de sus protagonistas. La obra se considera un canto a la vida, ya que exalta el amor y el *carpe diem*.

*Los poetas
abandonan el infierno
y contemplan
de nuevo
las estrellas*

DANTE ALIGHIERI

Literatura de la edad moderna

LITERATURA DE LA EDAD MODERNA

1453   1597 1605   1668 1692   1772

❶ Literatura renacentista 1453-1597

- 1453 Publicación de la Biblia de Gutenberg
- 1508 Garci Rodríguez de Montalvo, *Amadís de Gaula*
- 1528 Baltasar de Castiglioni, *El cortesano*
- 1559 Jorge de Montemayor, *Los siete libros de la Diana*
- 1597 William Shakespeare, *Romeo y Julieta*

❷ Literatura barroca 1605-1692

- 1605 Miguel de Cervantes, *El ingenioso hidalgo don Quijote de la Mancha*
- 1637 Pierre Corneille, *El Cid*
- 1665 Jean-Baptiste Poquelin, Molière, *Don Juan o el festín de piedra*
- 1692 Sor Juana Inés de la Cruz, *Primer sueño*

❸ Literatura ilustrada 1668-1772

- 1668-1694 Jean de la Fontaine, *Fábulas*
- 1751-1772 Diderot y Jean d'Alembert, Primera edición de la *Enciclopedia*
- 1762 Jean-Jacques Rousseau, *El contrato social*

No debe confundirse la expresión «literatura moderna», referida a la literatura contemporánea, con «literatura de la Edad Moderna», es decir, aquella comprendida entre los siglos xv y xviii. La Edad Moderna es la etapa de la historia que abarca desde la caída de Constantinopla en manos del Imperio otomano (1453) hasta la Revolución francesa (1789). La literatura de la Edad Moderna comprende diversas tendencias literarias, entre las que destacan el Renacimiento, el Barroco y el Neoclasicismo.

LITERATURA RENACENTISTA

La palabra *Renacimiento* proviene de *renacer* y hace referencia a un resurgir de la cultura clásica, tanto griega como latina. Sus límites cronológicos varían dependiendo del país. Se puede afirmar que algunos de sus rasgos definitorios ya estaban presentes en Italia en el siglo XIV, mientras que no será hasta casi dos siglos después que se introduzcan en Inglaterra. Por lo tanto, se considera literatura renacentista el conjunto de obras escritas dentro de esta etapa de la historia, en los siglos XIV, XV y XVI.

El Renacimiento fue un periodo marcado por grandes transformaciones en numerosos ámbitos: crisis del sistema feudal, nacimiento de las ciudades, desarrollo de los *studia humanitatis* en las universidades, avances científicos, invención de la imprenta o descubrimiento de América, entre otras. Supone un cambio de mentalidad radical respecto a la Edad Media y extiende a lo largo de toda Europa el pensamiento humanista que se había originado en Italia. El humanismo enmarca al ser humano como centro del universo. Dos sus rasgos esenciales y, por lo tanto, características también del Renacimiento, son el antropocentrismo (hombre como centro y medida del universo) y la recuperación de la cultura clásica (estudio de las lenguas griega y latina, propagación de obras, temas y tópicos clásicos).

La estética de la literatura renacentista rescata tres temas clásicos: la naturaleza, el amor y la mitología. También recupera las ideas platónicas de la belleza del mundo como reflejo de Dios (neoplatonismo). Influenciados por el petrarquismo, los poetas ambientan sus composiciones en paisajes idealizados y cantan a la belleza de la mujer desde un punto de vista melancólico, de un amor no correspondido o de la ausencia de la amada. Se recuperan tópicos literarios como el *tempus fugit*, el *carpe diem*, la *donna angelicata* o el *collige virgo rosas*.

ITALIA
Poesía

La poesía épica renacentista italiana entremezcla pasajes heroicos realistas con otros fantásticos. Amor, magia, personajes mitológicos y heroísmo se unen en obras como *Orlando enamorado*, de **Mateo Boiardo** (1430-1494); *Orlando el furioso*, de **Ludovico Ariosto** (1474-1533); o *Jerusalén liberada*, de **Torquato Tasso** (1544-1595).

Siguiendo los pasos de Torquato Tasso, algunos escritores del siglo XVII se interesaron por la poesía épica y lograron recuperar un género ya perdido. **Tommaso Stigliani** (1573-1651) publicó en 1628 *Il mondo nuovo*, un poema épico que narra las aventuras de Cristóbal Colón durante el descubrimiento y conquista de América.

Prosa

Nicolás Maquiavelo (1469-1527), político, escritor y filósofo, en su obra *El príncipe*, expuso sus teorías políticas e hizo célebre la idea de que los medios no importan con tal de lograr los objetivos. **Baltasar de Castiglioni**, en *El cortesano* (1528), describe al ideal de hombre renacentista, perfecto ejemplo de hombre virtuoso tanto en el plano físico como en el intelectual, capaz de tocar un instrumento, componer poesía o ejercer como soldado: el hombre «de armas y letras».

La novela pastoril fue un género que gozó de gran éxito tanto en Italia como en España. Nace tomando como base las églogas de Teócrito y de Virgilio y se inicia con la obra *Arcadia*, de **Jacobo Sannazaro**. En la novela pastoril se suelen intercalar pasajes en verso, la acción se ambienta en un *locus amoenus* y está protagonizada por pastores idealizados que dialogan sobre amor.

Teatro

Hubo dos corrientes dominantes: una, de clara inspiración clásica, estaba influida por Plauto y Terencio; otra, de tipo popular, fue la llamada *commedia dell'arte*: obras breves con tramas sencillas y a veces carnavalescas, con acrobacias y personajes arquetípicos, como Arlequín, Colombina o Pierrot.

FRANCIA

Poesía

La Pléyade («brigada») fue un grupo de poetas franceses de influencia petrarquista entre los que destacaban **Pierre de Ronsard** (1524-1585) y **Joachim du Bellay** (1522-1560). Este último publicó un manifiesto en el que resumía las ideas que defendía el grupo; entre ellas destacan la defensa del francés ante el latín y la imitación de los clásicos grecolatinos.

Prosa

François Rabelais (1494-1553), fraile benedictino y médico, fue el autor de *Pantagruel* (1532), primero de los libros que cuentan la historia satírico-burlesca, en tono humorístico, de los gigantes Gargantúa y Pantagruel.

Uno de los grandes representantes de la prosa francesa del siglo XVI fue **Michel de Montaigne** (1533-1592), considerado el creador de un nuevo género literario, el ensayo. En *Ensayos* (1580) reflexiona sobre temas de todo tipo (políticos, morales, emocionales, metafísicos…).

ESPAÑA

El Renacimiento en España comienza de manera tardía respecto a Italia y presenta dos fases bastante diferenciadas. Por un lado, la que tiene lugar durante el reinado de Carlos I (1516-1556), periodo de gran prosperidad económica y aperturismo al mundo. Por otro, la del reinado de Felipe II el Prudente (1556-1598), caracterizado por el aislamiento del país para evitar que las ideas protestantes llegaran a España.

Poesía

Juan Boscán será el primer poeta en introducir la métrica italiana (formas regulares y estrofas con versos endecasílabos, como el soneto, el terceto, la canción o la octava real), pero será su amigo **Garcilaso de la Vega** (1501-1536) quien la adapte a la literatura castellana con éxito. Entre sus obras destacan églogas y sonetos. Adaptó la oda horaciana en su *Canción V* y, desde entonces, debido al primer verso de esta composición, se llama «lira» a ese tipo de estrofa de versos heptasílabos y endecasílabos. Fray Luis de León y san Juan de la Cruz la usaron en sus obras.

Fray Luis de León (1527-1591) fue un fraile agustino cuya vida estuvo vinculada a la Universidad de Salamanca. Llegó a estar preso cinco años acusado de traducir al castellano el Cantar de los Cantares de la Biblia. Destaca entre sus composiciones *Oda a la vida retirada*, además de por su perfección formal, por el desarrollo del *beatus ille* de Horacio (feliz de aquel que se retira al campo y abandona el mundanal ruido).

San Juan de la Cruz (1542-1591) fue un sacerdote carmelita que colaboró con santa Teresa de Jesús en la reforma de la orden. Sus obras son reflejo de un proceso místico de unión del alma con Dios. Estas vivencias ascético-místicas las cuenta en *Cántico espiritual*, poema de amor basado en el Cantar de los Cantares. Otras composiciones suyas son *Noche oscura del alma* y *Llama de amor viva*.

Prosa

En la sociedad renacentista española, las novelas de caballerías disfrutaban de un notable éxito, entretenían y servían, además, para hacer propaganda social al contar hechos históricos desde el punto de vista que mejor sirviera para subirle la moral al pueblo. Contaban con unas características estructurales comunes (lengua arcaizante, narrador omnisciente, espacios remotos…). En ellas, un caballero, modelo de conducta, luchaba en peligrosos combates, conquistaba fortalezas y demostraba su amor a una dama. *Tirant lo Blanc* (1490), de **Joanot Martorell**, o *Amadís de Gaula* (1508), de **Garci Rodríguez de Montalvo**, son ejemplo del éxito de este tipo de novelas.

Una de las mayores aportaciones de la narrativa castellana del siglo XVI fue la creación de un nuevo género narrativo con la publicación del *Lazarillo de Tormes*, la primera novela picaresca. Publicada en 1554 y de incierto autor, fue junto con *La vida del pícaro Guzmán de Alfarache* (1599), de **Mateo Alemán**, una de las novelas de más éxito en el momento. Este tipo de novelas reflejan la realidad social de la España del siglo XVI desde el punto de vista de un pícaro, generalmente un muchacho de los bajos fondos que debe buscarse la vida para sobrevivir.

Cabe mencionar también a **santa Teresa de Jesús** (1515-1582), una monja carmelita que sufrió persecución por sus ideas reformistas en la orden. Aunque escribió poesía, destacó en prosa, pues con un lenguaje sencillo explicaba sus experiencias místicas en obras como *Camino de perfección*.

Miguel de Cervantes (1547-1616) será el escritor que marque la transición entre el Renacimiento y el Barroco. Un siglo después del gran éxito de *Amadís de Gaula*, Cervantes parodiaría las novelas de caballerías y pondría fin al género con su genial obra *El ingenioso hidalgo don Quijote de la Mancha* (1605) y sus universales personajes: don Quijote y Sancho. Cervantes nos legó uno de los libros más humanos de toda la literatura. Don Quijote, loco y disparatado, se adueña muy pronto de los lectores

Ilustración de Gustave Doré para la versión francesa de *Don Quijote* (1863).

gracias a su nobleza y bondad, de tal manera que acabamos viendo en él a una persona íntegra y honrada en lugar de a un pobre chiflado. A nivel estilístico llama la atención su agilidad narrativa, la variedad de la prosa, ya que concurren en ella todos los géneros novelescos del siglo XVI, y el dinámico diálogo entre sus protagonistas. Por estas características y por otras, como son la perspectiva de voces narrativas o la creación de los dos personajes principales, se dice que es la primera novela moderna de la literatura universal.

Cervantes fue unos de los primeros en escribir narraciones breves. Sus *Novelas ejemplares* (1613) contienen doce novelas breves de carácter didáctico y moral. Otras obras narrativas son *La Galatea*, una novela pastoril (1585) y *Los trabajos de Persiles y Segismunda*, novela bizantina de aventuras que se publicó póstumamente (1617).

Teatro

Juan del Encina (1468-1529), músico, poeta y dramaturgo, ha sido considerado el padre del teatro español con obras como *Égloga de Plácida y Vitoriano*. **Lucas Fernández** (1474-1542), rival del anterior por ganar la plaza de maestro cantor de la catedral de Santiago, fue el primer dramaturgo en lengua castellana que reunió su obra dramática en un solo impreso, bajo el título de *Farsas y églogas al modo y estilo pastoril y castellano* (1514). Coetáneo a ellos, cabe destacar también a **Bartolomé Torres Naharro** (1480-1531).

Lope de Rueda (1505-1565), creador de los «pasos» (pieza teatral cómica de un acto, antesala del «entremés», que solía representarse entre la primera y la segunda jornada de las comedias), está considerado como el fundador del teatro popular español. Entre sus obras más célebres se encuentra *Las aceitunas* (1548).

Por su parte, **Juan de la Cueva** (1543-1610) es, según los expertos, el primer dramaturgo de obras de temática histórico-nacional.

HISPANOAMÉRICA

El **Inca Garcilaso de la Vega** (1539-1616) marca el inicio de las letras novohispanas. Su obra *Los comentarios reales de los incas* la concibió a partir de sus propios recuerdos, de conversaciones con familiares u otros contactos del Virreinato del Perú. Pese a las fuentes que usó, se considera una obra maestra por ser un intento de salvaguardar la memoria del pueblo andino.

PORTUGAL

Poesía

En 1516 se publica el *Cancioneiro geral*, de **García de Resende**, ejemplo de transición entre la poesía trovadoresca y la renacentista. El cancionero reúne poesía escrita en portugués y en castellano desde mediados del siglo xv hasta 1516. Consta de unos novecientos textos redactados por más de cien poetas; entre ellos, destaca la poesía de **Bernadim Ribeiro**. Otro poeta que cabe mencionar es **Francisco Sá de Miranda** (1481-1558), cuya principal aportación fue introducir en la poesía portuguesa las novedades métricas italianizantes. En poesía épica la figura más destacada fue Luis Camões (1524-1580) con su obra *Os lusiadas*.

Prosa

Francisco de Morais (1500-1572) fue el autor de una de las mejores novelas de caballerías de la península ibérica: *Libro del muy esforzado caballero Palmerín de Inglaterra* (Toledo, 1547). **Jorge de Montemayor** (1520-1561) es reconocido por su obra *Los siete libros de la Diana* (1559), novela pastoril que marcó un precedente en Europa y tuvo gran influencia en la literatura renacentista española. Aunque era portugués, escribió en lengua castellana.

Teatro

En el Renacimiento literario portugués, cabe destacar al dramaturgo **Gil Vicente** (1460-1536). Es considerado el padre del teatro portugués, e incluso, desde un punto de vista más amplio, del ibérico, junto con el español Juan del Encina, puesto que escribió también en castellano. Aunque los temas pastoriles predominan en sus primeras obras, evoluciona hacia una forma de teatro más simbólico en obras como *Trilogía de las barcas*, en la que se burla de la sociedad de su época.

INGLATERRA

Poesía

La imitación de los modelos clásicos y la influencia del petrarquismo germinan en la poesía renacentista inglesa con poetas como el **Conde de Surrey** (1516-1547) o **Philip Sidney** (1554-1586). Destaca también **Edmund Spencer** (1553-1599) por sus églogas *El calendario del pastor*, en las que ensalza la política isabelina.

Prosa

Tomás Moro (1478-1535) fue consejero del rey Enrique VIII y su oposición al divorcio de Catalina de Aragón hizo que lo acusaran de traición. Destaca como escritor de prosa de ideas con obras como *Utopía* (1516), en la que explica cómo sería una sociedad ideal.

Teatro

Muchos años después que en el resto de Europa, a mediados del siglo XVI y bajo el reinado de Isabel I (1558-1603), nace el teatro renacentista inglés o teatro isabelino. Al principio predomina una forma medieval de corte religioso, pero luego se da paso a dos tipos, uno cortesano y otro popular. Este último es el que acaba triunfando. La primera compañía de actores con licencia profesional fue la de los llamados Leicester's Men (1574). Los primeros actores profesionales pertenecían a compañías itinerantes, pero en 1576 se construye en Londres el primer teatro al amparo de las primeras compañías permanentes. A finales del siglo XVI son varios los teatros de la ciudad: The Rose, The Swan o The Courtain, entre otros.

El teatro isabelino transgrede las normas clásicas: rompe las unidades de tiempo, espacio y acción; mezcla géneros, así como personajes, nobles y plebeyos; y alterna prosa y verso.

El más grande de los dramaturgos de la época fue **William Shakespeare** (1564-1616), también poeta y actor. Sus obras se representaron en The Globe Theatre, de Londres. Algunos de los inversores de este teatro eran miembros de la compañía de actores profesional Chamberlain's Men y Shakespeare

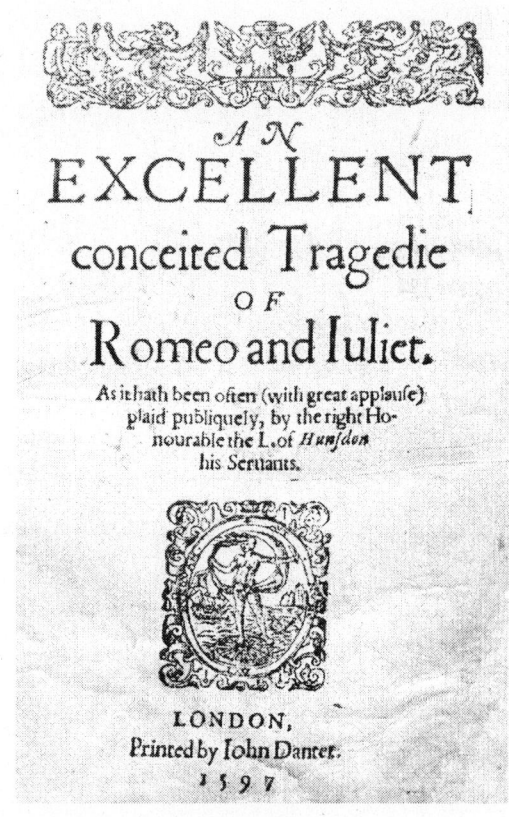

Portada de la primera edición de *Romeo y Julieta,* de William Shakespeare. 1597

era uno de ellos. The Globe, como la mayoría de los teatros, tenía planta hexagonal o casi circular, con una parte central a cielo abierto, tres niveles de asientos y un escenario rectangular de unos 12 metros de largo cubierto por un voladizo.

Entre sus obras destacan tragedias como *Romeo y Julieta* (1597), *Macbeth* (1606) o *Hamlet* (1623); dramas históricos como *Ricardo III* (1592) o *Enrique IV* (1597); y comedias como *El sueño de una noche de verano* (1595). Shakespeare es un creador de personajes de valor universal: Romeo y Julieta es el símbolo de los amantes o Hamlet, un príncipe danés del ideario colectivo.

Otros dramaturgos célebres fueron **Thomas Kyd** (1558-1594), autor de obras de tinte sangriento, como *Tragedia española*; **Christopher Marlowe** (1564-1593) y su *Trágica historia del doctor Fausto;* y **Benjamin Jonson** (1572-1637), autor de *Volpone o el zorro*.

HOLANDA

Erasmo de Rotterdam (1466-1536) fue un sacerdote arquetipo de humanista, filósofo y teólogo, considerado uno de los grandes pensadores de Occidente. Escribió libros y ensayos en latín, con un estilo sencillo y espontáneo, hizo numerosas traducciones y elaboró nuevas ediciones del Nuevo Testamento en latín y griego. Aunque fue muy crítico con los excesos de la Iglesia católica, se distanció de Lutero, Calvino y Enrique VIII. En su *Elogio a la locura* (1511), obra que gozó de gran éxito, critica a la sociedad de su época, incluida la corrupción de la Iglesia.

LITERATURA BARROCA

El Barroco fue un movimiento cultural, artístico y literario de finales del siglo XVI que se extendió a lo largo del siglo siguiente y principios del XVIII. Influenciado por una época de crisis, tanto económica, como política y social, se caracteriza, frente al optimismo y la búsqueda de la belleza del Renacimiento, por presentar una visión más pesimista y fugaz de la vida. Se considera literatura barroca el conjunto de obras escritas dentro de esta etapa.

Desde el punto de vista literario, comparte con el Renacimiento la influencia de la antigüedad clásica, los temas o el uso de la métrica italiana. Pero el Barroco surge, en esencia, como reacción a la sencillez y el idealismo renacentista. Es sinónimo de exageración e intensificación y se centra en expresar la complejidad y el caos del mundo por medio de contrastes.

El lenguaje propio de la literatura barroca es culto, elaborado y plagado de recursos estilísticos que dificultan en algunos casos la comprensión: la metáfora, el hipérbaton o los juegos de palabras. Aunque se recuperen temas de la antigüedad clásica, estos se abordan desde un punto de vista pesimista y de desengaño hacia la vida. Ya no se alienta a aprovechar el tiempo, sino que se enfatiza la idea de que la vida lleva inevitablemente a la muerte, de que todo es fugaz.

ITALIA

Giambattista Marino (1569-1625) fue un poeta napolitano cuyo estilo lo llevaba a hacer un uso pintoresco y original de los conceptos. Su concepción poética estaba basada en la desmesura del manierismo, un estilo artificioso del Renacimiento tardío que preludió el Barroco y que se caracterizaba por su sofisticación, su refinamiento y musicalidad. Gozó de gran éxito en toda Europa y lo admiraron Lope de Vega o John Milton, entre otros.

ESPAÑA

El Siglo de Oro español tuvo dos momentos determinantes con su propia línea estética: el Renacimiento y el Barroco. Aunque la base de los materiales temáticos y estilísticos son casi los mismos, en el Barroco se someten a un tratamiento deformado y burlesco. El Barroco español es fruto de una España en crisis, un país en declive que engendró a una de las mejores generaciones de escritores de la historia de su literatura. Su contribución literaria marcó e influyó en escritores posteriores y siguen siendo recordados y valorados en la actualidad por su creatividad e ingenio.

Poesía

En España se distinguen dos grandes estilos que no son del todo contrapuestos. Es difícil discernir dónde se encuentra la frontera entre ambos, ya que parten de un intento común de superar las formas renacentistas, aunque siguen caminos estilísticos distintos. Se trata del culteranismo y del conceptismo. Destaca el uso del hipérbaton y de las figuras de contraposición tanto en los poetas culteranos como en los conceptistas y, en ambos casos, renuevan el uso de la metáfora estableciendo relaciones ocultas entre los objetos comparados.

El culteranismo recarga la forma del poema y dificulta el entendimiento de la obra para ejercitar la inteligencia. Su máximo representante es Luis de Góngora. Los poetas culteranos renuevan el léxico introduciendo latinismos y cultismos, aproximan la sintaxis castellana al orden de la latina y recurren a oraciones subordinadas extensas y a perífrasis.

Por su parte, el conceptismo se encamina hacia el juego semántico y de conceptos, modificando el contenido poético, recargando el fondo y no la forma del poema. Busca la dificultad del lenguaje literario, pero con procedimientos opuestos al culteranismo: se centra en el contenido del poema, pretende comunicar el máximo de significados con el mínimo de palabras. El tratamiento de los temas es, en muchas ocasiones, irónico o incluso sarcástico. En cuanto a la lengua, el conceptismo destaca por los juegos conceptuales, los neologismos y las intensificaciones con figuras de repetición. Francisco de Quevedo es su máximo representante.

Luis de Góngora y Argote (1561-1627) escribió en su juventud composiciones tradicionales, como romances o letrillas, pero a partir de 1610 fue introduciendo rasgos culteranos en sus sonetos. En 1613 publica *Fábula de Polifemo y Galatea*, poema mitológico basado en las *Metamorfosis* de Ovidio, que narra la historia de amor entre el cíclope Polifemo y la ninfa Galatea. *Soledades* (1613) es su obra más compleja, caracterizada por un estilo culterano extremo y que se valoró escasamente, al menos hasta el siglo xx. Es una obra incompleta, puesto que solo incluye las dos primeras soledades. Cuenta el viaje de un náufrago a través de cuatro tipos de paisajes idílicos (campos, riberas, selvas y terreno yermo).

Francisco de Quevedo (1580-1645) destacó no solo como escritor, sino también por desempeñar labores diplomáticas para la Corte española. Sus sonetos suelen clasificarse en grupos temáticos: amorosos, filosófico-morales, satírico-burlescos y metafísicos (que incluyen temas existenciales de preocupación universal, como el paso del tiempo o la muerte).

Prosa

Francisco de Quevedo también escribió obras en prosa, como *Los sueños* (1627), una sátira cruel a la sociedad de su época, o *La vida del Buscón llamado don Pablos* (1626), novela picaresca.

Teatro

En 1565, el rey Felipe II dictaminó que las representaciones teatrales debían realizarse en espacios cerrados, en determinados patios de viviendas, lo cual daría lugar a los llamados «corrales de comedia», gestionados por las cofradías religiosas en un primer momento y, en época de Felipe III, por los ayuntamientos.

Lope de Vega cultivó todos los géneros y se convirtió en uno de los dramaturgos más célebres y admirados de Europa. Hacia 1590, en su *Arte nuevo de hacer comedias*, establece las pautas de la llamada «comedia nueva». Esta obra es una defensa de su dramaturgia y en ella critica la interpretación que se había hecho en el Renacimiento sobre las ideas aristotélicas del teatro. Para Lope, la comedia era diversión y entretenimiento para un público muy variado. A fin de cumplirlo, la acción debía ser rápida y el público debía identificarse fácilmente con las costumbres y los valores de los personajes. Su gran mérito fue la renovación del teatro español: la mezcla de lo trágico y lo cómico, la ruptura de las tres unidades (acción, tiempo, lugar), la división de la obra en tres actos, la introducción de variedad métrica (polimetría), la adecuación del lenguaje al carácter, edad o condición social del personaje (decoro poético), la introducción de personajes estereotipados y la inclusión de elementos líricos (canciones populares, bailes...).

Entre sus obras dramáticas destacan *Fuenteovejuna* (1614), en la que el pueblo se rebela contra el comendador, *El caballero de Olmedo* (1620), en la que se trata a aquel que no puede evitar su destino, o *Peribáñez y el comendador de Ocaña* (1614), que desarrolla el tema del honor y la honra.

Pedro Calderón de la Barca (1600-1681) optó por un teatro más reflexivo y filosófico, con un lenguaje muy elaborado, plagado de metáforas. Sus obras más célebres son *La vida es sueño* (1635), en la que reflexiona sobre la libertad del individuo y el destino, y *El alcalde de Zalamea* (1640), en la que trata el tema del honor de un campesino. Calderón también es conocido por sus autos sacramentales. Es el caso de *El gran teatro del mundo* (1655), en el que presenta la vida como una función teatral.

Tirso de Molina (1579-1648) destaca por ser el creador de la figura y prototipo universal del don Juan en su obra *El burlador de Sevilla* (1630).

HISPANOAMÉRICA

El Barroco de Hispanoamérica se caracteriza por un estilo ecléctico, de características europeas y americanas, que fusiona la mezcla cultural europea e indígena, y que incluso introduce elementos africanos.

Sor Juana Inés de la Cruz (1651-1695) es la principal representante del Barroco en Hispanoamérica. Monja, intelectual y escritora mexicana tanto en prosa como poesía y teatro, su estilo está marcado por la influencia de Góngora y Quevedo. Se la considera una de las primeras escritoras en defender la igualdad de género. Entre sus obras destacan su largo poema *Primer sueño* (1692), con influencias del culteranismo, *Amor es laberinto*, obra teatral al estilo de Lope de Vega, o *Los empeños de una casa*, de influencia calderoniana.

Otros autores que merece la pena reseñar son el peruano **Juan de Espinosa Medrano** (1632-1688), con *Apologético en favor de don Luis de Góngora*, primer tratado poético escrito por un español criollo; y **Carlos de Sigüenza y Góngora** (1645-1700), intelectual, poeta e historiador mexicano, además de matemático y geógrafo.

En el teatro, el mexicano **Juan Ruiz de Alarcón** (1581-1639) sigue la estela teatral de Lope de Vega, pero con personajes muy bien caracterizados psicológicamente, con obras como *Las paredes oyen* o *La verdad sospechosa*.

PORTUGAL

El Barroco portugués floreció de forma paralela al español y fue el producto de un punto de vista desengañado de la vida, fruto de la crisis económica, social y política, así como de la integración del territorio al Imperio español en 1580.

Poesía

Uno de los principales autores del Barroco literario portugués es **Francisco Rodrigues Lobo** (1580-1622), que presenta influencias de la lírica de Lope de Vega. Está considerado autor de transición entre el Renacimiento y el Barroco. De 1605 son sus *Églogas*. Destacan también **sor Violante do Céu** (1601-1693), en cuya obra se distingue una poesía lírica amorosa de otra mística, al estilo de santa Teresa, y **Gregório de Matos** (1623-1696), que es conocido por su poesía satírica.

Prosa

De **Francisco Rodrigues Lobo** es destacable su trilogía de novela pastoril conocida como *Primavera*. **António Vieira** (1608-1697), sacerdote, político y diplomático, está considerado el maestro de la prosa barroca y es conocido por sus *Sermones*, de gran reflexión filosófica.

Teatro

Francisco Manuel de Melo (1608-1666) fue un poeta y célebre dramaturgo de obras como el *Auto do fidalgo aprendiz* (1665).

INGLATERRA

John Donne (1572-1631) y **George Herbert** (1593-1633) fueron destacados poetas que desarrollaron temas metafísicos y espirituales. **John Milton** (1608-1674), reconocido como uno de los mejores poetas de la literatura inglesa, sobresale con un magnífico poema épico, *El paraíso perdido* (1667), en el que narra la lucha del ser humano por no pecar, encarnada en la relación entre Adán y Eva. La dramaturga, novelista y poeta **Aphra Behn** (1640-1689) está considerada una pionera en Inglaterra por ser una de las primeras mujeres en dedicarse profesionalmente a la escritura.

ALEMANIA

Poesía

Johann Scheffler, más conocido como Angelus Silesius (1620-1677), es considerado uno de los principales poetas místicos alemanes, a quien se debe la obra *Rimas espirituales* (1657).

Prosa

Hans Jakob von Grimmelshausen (1625-1676) escribió en 1668 *El aventurero Simplicissimus,* sátira social en la que un campesino se convierte en soldado. Se trata de una obra con influencias de la novela picaresca española y está considerada una de las primeras novelas modernas de la literatura alemana.

FRANCIA DURANTE EL CLASICISMO

El Barroco francés fue mucho menos exagerado que el español y se prolongó durante menos tiempo. Se cree que el reinado de Luis XIV, que comenzó en 1643, dio paso a una particular forma de neoclasicismo asociada con las características y principios del Barroco, pero sin perder de vista el racionalismo iniciado en el Renacimiento. Busca imitar a la naturaleza y a los autores clásicos siguiendo los preceptos de Aristóteles y la tradición grecorromana. La Academia Francesa, fundada por el cardenal Richelieu en 1635, apoyó las ideas de **François de Malherbe**, que fue el primer poeta en desafiar y criticar el barroquismo de la llamada «literatura lírica preciosista», que se oponía al racionalismo clasicista.

Poesía

A lo largo del siglo XVII, las ideas clasicistas las secundaron poetas como **Nicolas Boileau** (1636-1711) o **Jean de la Fontaine** (1621-1695), que escribió sus *Fábulas* en verso al estilo de las de Esopo y Fedro.

Prosa

Sobresalen en prosa **Cyrano de Bergerac** (1619-1655), conocido popularmente más por su vida que por su obra; **Blaise Pascal** (1632-1662), escritor y matemático, autor de *Pensamientos* (1670); **Madame de la Fayette** (1634-1693), que con *La princesa de Clèves* preludia el género de la novela psicológica; y **Madame de Sevigné** (1626-1696), que dejó reflejada en su *Epistolario* a la alta sociedad francesa del momento.

Teatro

El teatro en Francia se desarrolló más tarde que en España e Inglaterra. El siglo XVII se considera la época dorada del teatro francés, con dramaturgos de la talla de Pierre Corneille, Jean Racine y Jean-Baptiste Poquelin (Molière).

El teatro clasicista recuperó algunas de las ideas aristotélicas en torno a este género, como la separación de la tragedia y la comedia, la distribución de los personajes según el género literario (nobles, en la tragedia; plebeyos, en la comedia), las tres unidades (acción, tiempo y lugar) y la división en cinco actos.

A **Pierre Corneille** (1606-1684) se lo conoce como el fundador de la tragedia francesa, aunque también fue comediógrafo. Los protagonistas de Corneille suelen enfrentarse a grandes dilemas morales y deben decantarse por la razón ante la pasión. *El Cid* (1637), una de sus obras, obtuvo gran éxito en su momento, pero recibió numerosas críticas por no ajustarse del todo a los preceptos clásicos. Años después, escribió siguiendo las normas clásicas: *Horacio* (1640), *Cinna* (1641) y *Polyeucto* (1643).

Jean-Baptiste Poquelin, más conocido por su sobrenombre, **Molière** (1622-1673), está considerado el mejor comediógrafo francés. Siendo joven fundó su propia compañía teatral; en ella se representaban obras al estilo de la *commedia dell'arte*, en las cuales también era actor. Algunas de sus obras se prohibieron y le hicieron ganar ciertas enemistades, ya que criticaba a la alta sociedad, a la burguesía e incluso a la Iglesia, pese a contar siempre con el beneplácito real. Aunque su intención era burlesca, también había implícita una voluntad moral, pues ponía en ridículo a determinados personajes que no mostraban los comportamientos más ejemplares. Sus personajes se han convertido en prototipos universales al encarnar vicios o defectos del ser humano: los critica y se burla de ellos. *Tartufo* (1664), *Don Juan o el festín de piedra* (1665), *El avaro* (1668) o *El enfermo imaginario* (1673) son algunas de las más célebres comedias de Molière.

Jean Racine (1639-1699) destaca por crear tragedias marcadas por fatales desenlaces, con personajes que viven inmersos en dramas interiores y pasiones destructivas. Su estilo es sobrio y fino. Entre sus obras, destacan *Andrómaca* (1667), *Berenice* (1670), *Fedra* (1677) y *Británico* (1669).

*La mayor
debilidad del
hombre es su amor
por la vida*

MOLIÈRE

—————

LITERATURA ILUSTRADA Y NEOCLASICISMO

A principios del siglo XVIII nace una nueva mentalidad como reacción a las formas barrocas que se extiende rápidamente a Gran Bretaña, a Francia y, después, al resto de Europa y a América. Se trata de la Ilustración, un movimiento filosófico y cultural cuya base de pensamiento es la razón, se apoya en la ciencia y se fundamenta en la experiencia. El pensamiento ilustrado tiene espíritu crítico y pretende «iluminar» a través de la razón. Precisamente por este motivo el siglo XVIII es conocido como el «Siglo de las Luces» (*Enlightenment* en Inglaterra; *Illuminismo* en Italia). El absolutismo de los gobiernos da paso al despotismo ilustrado: *tout pour le peuple, rien par le peuple* («todo para el pueblo, pero sin el pueblo»). Es decir, se intenta mejorar la calidad de vida del pueblo, pero a este no se le permite tomar decisiones.

A lo largo del siglo XVIII son diversos los movimientos artísticos y culturales que coexisten (posbarroquismo, rococó, sentimentalismo, prerromanticismo y Neoclasicismo), pero es este último el que surge en el marco de la Ilustración y de las nuevas ideas. Se trata de una corriente artística y literaria que se orienta hacia un nuevo clasicismo y que se vincula con el Renacimiento en lo que a la recuperación del equilibrio del mundo clásico se refiere, en oposición a la concepción barroca.

Se considera literatura ilustrada el conjunto de obras escritas dentro de esta etapa de la historia, que se desarrolla en el siglo xviii. En el ámbito de la literatura se busca evitar la manifestación de las emociones e imitar las normas clásicas. El culto a la razón conlleva dar prioridad a la difusión de conocimientos. Por ello, es en esta época cuando se extiende la educación en la población, se crean las academias, se elaboran las primeras enciclopedias y se da un valor didáctico a los textos. El género literario por excelencia será el ensayo, ya que es el perfecto transmisor de las ideas ilustradas.

FRANCIA

El llamado *Siècle des Lumières* («Siglo de las Luces») comenzó antes en Francia que en el resto de Europa. Abarca desde finales del siglo xvii hasta 1789, año de la Revolución francesa. El Neoclasicismo francés no es visto como uno de los periodos de mayor calidad literaria, pero sí uno de los más interesantes en el sentido de que fue entonces cuando se gestaron obras literarias cuyos textos han logrado cambiar la historia.

Prosa y prosa didáctica

Charles-Louis de Secondat, barón de **Montesquieu** (1689-1755), publicó en 1721 su célebre novela epistolar *Cartas persas*. Con ella realizaba una encarnizada crítica de la sociedad francesa a través de cartas misivas por viajeros ficticios originarios del territorio persa.

Uno de los hombres ilustrados más célebres, historiador, filósofo, escritor y miembro de la Academia francesa, fue **François-Marie Arouet**, conocido como **Voltaire** (1694-1778). En obras como el cuento filosófico *Cándido o el optimismo* (1759) adopta el estilo neoclásico y, por medio de su narrativa crítica, en cierto modo también el despotismo ilustrado, con una clara intención moral. Voltaire recuerda que, aunque sea de manera modesta, «cada persona debe cultivar su propio jardín», como metáfora de la vida. Destacan también entre sus obras el *Tratado sobre la tolerancia* (1763) y el *Diccionario filosófico* (1764).

Jean-Jacques Rousseau (1712-1778) inspiró la Declaración sobre los Derechos del Hombre y del Ciudadano con una de sus obras, *El contrato social* (1762). Se considera que este autor sentó las bases del Romanticismo pedagógico a partir de su obra *Emilio* (1762). En ella afirmaba que en una sociedad corrupta sí se podría transformar a las personas, siempre por medio de una educación individualizada, y que «la única costumbre que hay que enseñar a los niños es que no se sometan a ninguna».

Pierre Choderlos de Laclos (1741-1803) escribió la célebre novela epistolar *Las amistades peligrosas* (1782). En ella narra las conspiraciones del libertino vizconde Valmont y la marquesa Merteuil.

Denis Diderot se convirtió en el prototipo de hombre ilustrado y por ello fue el encargado de dirigir el gran proyecto de la Ilustración francesa junto con Jean d'Alembert: *La enciclopedia* (1751-1772).

Teatro

Pierre-Augustin de Beaumarchais (1732-1799) estrenó con gran éxito comedias de enredo mundialmente famosas, como *El barbero de Sevilla* (1775) y *Las bodas de Fígaro* (1784), que criticaban a la sociedad de la época.

Poesía

La poesía no fue el género mejor cultivado durante el Neoclasicismo francés. Los poetas imitaban a los autores grecolatinos y priorizaban el propósito didáctico al estético. El propio **Voltaire** escribió poemas filosóficos e incluso épicos, pero destaca, entre todos los poetas, **André Chénier** (1762-1794).

INGLATERRA

El Neoclasicismo inglés, conocido también como *Augustan Age* («edad augustea»), comienza a finales del siglo XVII y se extingue antes que en la mayoría de los países europeos, alrededor de 1760. La novela fue el género preferido para exponer las ideas ilustradas de la época.

Poesía

El poeta cumbre de este periodo es **Alexander Pope** (1688-1744), con obras como *El rizo robado* (1712), en la que imita de manera ejemplar la poesía clásica de Homero o Virgilio. Se dice de él que fue el primer poeta inglés que logró vivir de su obra.

Prosa

El nacimiento de la novela contemporánea está ligado al ascenso de la burguesía y a la crítica a la sociedad del momento. Así lo reflejan obras de novelistas como **Jonathan Swift** (1667-1745), con *Los viajes de Gulliver* (1726), o **William Dafoe**, con *Robinson Crusoe* (1719) y *Moll Flanders* (1722). Se dice que **Samuel Richardson** (1689-1761) fue el creador en esta época de la novela sentimental con *Pamela o la virtud recompensada* (1740) y *Clarisa Harlowe* (1747). Como reacción a ese tipo de género novelístico, **Henry Fielding** (1707-1754) escribe obras como *Tom Jones* (1749), que relata las aventuras de un niño huérfano a modo de novela picaresca.

ITALIA

En Italia, el Neoclasicismo influyó de gran manera en el teatro. El excelso comediógrafo **Carlo Goldoni** (1707-1793), considerado el creador del teatro italiano moderno, sigue los preceptos clásicos en obras realistas ambientadas en Venecia. **Vittorio Alfieri** (1749-1803), dramaturgo neoclásico por excelencia, cultiva la tragedia en obras como *Saúl* (1783) o *Mirra* (1785). En ellas, recrea temas del teatro clásico y presenta personajes que actúan guiados por la razón, característica muy propia del pensamiento ilustrado.

ESPAÑA

El Neoclasicismo literario español se desarrolla en el siglo XVIII, coincidiendo con el reinado de los Borbones. El periodo de esplendor se corresponde con el del reinado de Carlos III (1759-1788), «el rey ilustrado», un monarca que representaba a la perfección el despotismo ilustrado, preocupado por transformar el país y por la educación del pueblo. Al igual que en otros países influidos por la corriente ilustrada, es en este siglo cuando se funda la Real Academia Española (1713), cuya misión es «velar por que los cambios que experimente la lengua española en su constante adaptación no quiebre la esencial unidad que mantiene en todo el ámbito hispánico».

Poesía

Nicolás Fernández de Moratín (1737-1780) fue un reconocido poeta y dramaturgo ilustrado que influyó de forma decisiva en la formación de su hijo, Leandro Fernández de Moratín, insigne dramaturgo del Neoclasicismo español. **Juan Meléndez Valdés** (1754-1817) fue el poeta más laureado del Neoclasicismo español junto con los fabulistas **Tomás**

de Iriarte (1750-1791) y **Félix María de Samaniego** (1745-1801), que siguieron el modelo clásico de las fábulas de Esopo.

Prosa y prosa didáctica

El **padre Isla** (1703-1781) escribió la novela más célebre de la época, la *Historia del famoso predicador fray Gerundio de Campazas, alias Zotes*, de carácter satírico. **Diego de Villarroel** (1693-1770) o **José Cadalso** (1741-1782), con sus *Cartas marruecas* (en las que critica los vicios y corrupción de España), también destacaron como grandes novelistas.

Gaspar Melchor de Jovellanos, político y escritor gijonés (1744-1811), se preocupó por mejorar y renovar el país bajo el lema ilustrado de «la instrucción es el origen de todo progreso social y personal». Destacan su *Informe sobre el expediente de la ley agraria*, *Memoria sobre la educación pública* y *Memoria para*

Retrato de Jovellanos realizado por Goya (1798).

el arreglo de la policía de los espectáculos y diversiones públicas y sobre su origen en España.

Fray Benito Jerónimo Feijoo (1676-1764) está considerado uno de los máximos exponentes del Neoclasicismo español por ensayos como *Teatro crítico universal* (1726-1740).

Teatro

Leandro Fernández de Moratín (1760-1828) fue el principal dramaturgo del Neoclasicismo español. En *El sí de las niñas* (1806), criticaba a la sociedad de su época, que permitía los matrimonios concertados, y fomentaba la libertad individual para poder elegir. El teatro de Moratín se caracteriza por un lenguaje preciso y muy correcto, por seguir los cánones neoclasicistas y por respetar las tres unidades aristotélicas de la dramaturgia.

Joan Ramís i Ramís (1746-1819) escribe obras dramáticas en catalán y en castellano. Destaca *Lucrecia*, obra ambientada en Roma y que respeta las tres unidades del teatro clásico.

HISPANOAMÉRICA

Las ideas y textos de los ilustrados europeos se extendieron a Hispanoamérica, donde, a partir de la segunda mitad del siglo XVIII, se desarrolla una forma propia de Neoclasicismo. Poco a poco, los intelectuales americanos comenzaron a asentar las bases del pensamiento ilustrado y a fomentar la independencia de las colonias, que tomaría forma años después, en las guerras de independencia, que se sucedieron entre los años 1809 y 1829. Como en Europa, los escritores neoclásicos imitan a los grecolatinos, se ponen al servicio de las ideas de la Ilustración y escriben con finalidad didáctica y moral.

Cabe destacar a **Rafael Landívar** (1731-1793), poeta guatemalteco que en el poema bucólico-didáctico *Rusticatio mexicana* (1781) sigue los cánones neoclásicos; a **fray Matías de Córdoba** (1768-1828), escritor y religioso también guatemalteco, ejemplo de hombre ilustrado y defensor de los movimientos independentistas; y al mexicano **José Joaquín Fernández de Lizardi** (1776-1827), que escribe la que se considera la primera novela hispanoamericana, *El Periquillo Sarniento* (1816), en la cual critica a la sociedad colonial y llama a transformarla. **Andrés Bello** (1781-1865) fue un escritor y filólogo venezolano de formación neoclásica que, aunque escribió sus obras más célebres en el siglo xix, se considera una figura clave del Neoclasicismo hispanoamericano. Los valores y cánones de este movimiento son patentes tanto en sus ensayos como en su poesía.

PORTUGAL

El Neoclasicismo portugués se desarrolla bajo el reinado de José I y su primer ministro, el marqués de Pombal, un buen representante del despotismo ilustrado que emprendió una serie de reformas sociales y educativas para modernizar el país.

António José da Silva (1705-1739), conocido como *o Judeu*, fue uno de los primeros escritores y dramaturgos neoclásicos portugueses, y **Luís António Verney** (1713-1792) se convirtió en un referente en pedagogía por sus propuestas educativas, basadas en valores ilustrados. **Tomás António Gonzaga** (1744-1810), poeta por excelencia del Neoclasicismo portugués, es hoy en día uno de los más admirados. Destaca su obra *Marília de Dirceu* (1799). Por su parte, **Manuel Maria Barbosa du Bocage** (1765-1805) fue un poeta de formación neoclásica reconocido por su poesía satírica, pero, en realidad, su obra desprende notas prerrománticas y refleja características de la nueva tendencia literaria. Fue uno de los poetas más imitados y admirados del siglo XIX.

Son pocas las mujeres presentes en la literatura portuguesa hasta esta época. La **marquesa de Alorna** (1750-1839) destaca no tanto por su producción poética, sino por el papel que desempeñó al introducir y difundir las novedades literarias prerrománticas provenientes de países como Inglaterra o Alemania.

ALEMANIA

El Neoclasicismo alemán tuvo un menor desarrollo que en otros países europeos. **Gotthold Ephraim Lessing** (1729-1781), autor de *Laocoonte* (1766), fue el principal representante de las ideas ilustradas en su país; y **Johann Gottfried Herder** (1744-1803) también representó los valores ilustrados en obras como *Otra filosofía de la historia* (1774).

Literatura contemporánea (siglo XIX)

**❶ Literatura romántica
1812-1858**

- 1812 Lord Byron, *Las peregrinaciones de Childe Harold*
- 1818 Mary Shelley, *Frankenstein o el moderno Prometeo*
- 1844 Alexandre Dumas, *Los tres mosqueteros*
- 1858 Gustavo Adolfo Bécquer, *Leyendas*

**❷ Literatura realista
y naturalista
1862-1884**

- 1862 Alberto Blest, *Martín Rivas*
- 1875 José M.ª Eça de Queirós, *El crimen del padre Amaro*
- 1880 Fiódor Dostoievski, *Los hermanos Karamazov*
- 1884 Leopoldo Alas Clarín, *La Regenta*

**❸ Último tercio del
siglo XIX (1879-1891)**

- 1879 Henrik Ibsen, *Casa de muñecas*
- 1884 Paul Verlaine, *Los poetas malditos*
- 1888 Rubén Darío, *Azul…*
- 1891 José Martí, *Versos sencillos*

Se considera Edad Contemporánea el periodo de la historia comprendido entre finales del siglo XVIII y la actualidad. Se acepta como fecha de inicio la Revolución francesa, 1789. Es una época marcada por los avances científicos y tecnológicos, así como por grandes acontecimientos, como la independencia de los Estados Unidos, el desarrollo de la Revolución Industrial, las dos guerras mundiales, la creación de nuevas naciones, diversas crisis financieras o la revolución digital.

Se denomina «literatura contemporánea» el conjunto de obras escritas en la Edad Contemporánea, desde 1798 hasta la actualidad. Son muchas y diversas las tendencias literarias que han ido surgiendo en este periodo por toda Europa y América, como por ejemplo el Romanticismo, el realismo o las vanguardias literarias.

Además del libro en formato papel, forman parte de la literatura contemporánea manifestaciones tan distintas entre sí como el audiolibro, el libro electrónico o la narrativa digital en redes sociales.

LITERATURA ROMÁNTICA

En el último tercio del siglo XVIII, las obras de algunos autores europeos tenían en común una serie de características que las oponían al clasicismo imperante y, a su vez, preludiaban un nuevo movimiento literario. Es por ello por lo que se las considera obras prerrománticas: en Inglaterra, *Elegía en un cementerio de la aldea* (1751), de **Thomas Grey**; en Francia, *La nueva Eloísa* (1761), de **Jean-Jacques Rousseau**; en España, *Noches lúgubres* (1789), de **José Cadalso**; en Alemania, **Benedikte Naubert**, con sus novelas históricas, o **Johann V. Goethe**, con *Las desventuras del joven Werther* (1774). En esta época, destaca la escritora inglesa **Frances Burney** (1752-1840), que con sus obras *Cecilia* (1782) y *Camilla* (1796) es precursora del costumbrismo literario.

El Romanticismo, en oposición al Neoclasicismo, es un movimiento cultural, artístico y literario que exalta la libertad creativa y los sentimientos. No debe confundirse, por lo tanto, el movimiento literario con la cualidad de romántico o sentimental. Sus límites cronológicos varían dependiendo del país. Algunos de sus rasgos definitorios ya estaban presentes en Alemania o Inglaterra alrededor de 1760, mientras que, en España, por razones políticas, no se introduce hasta 1833.

El escritor romántico es de espíritu rebelde, insatisfecho, busca la libertad y huir de una sociedad que lo oprime o no acepta. Por ese motivo, las principales características del Romanticismo literario son la búsqueda de libertad creativa; una forma de subjetivismo que prioriza al individuo; la evasión de la realidad, por lo que se ambientan las obras en lugares exóticos o en el pasado; y la valoración del pasado histórico. Además, el autor identifica sus sentimientos con el paisaje, el espíritu atormentado de los románticos los lleva a identificarse con entornos de poca luz, como el atardecer, el amanecer, el anochecer, mares embravecidos, prados o bosques con niebla, tormentas, ruinas, cementerios…

La primera manifestación romántica en Europa está asociada con el movimiento literario juvenil alemán *Sturm und Drang* («tormenta e ímpetu»), que se inicia en 1770.

Johann Von Goethe (1749-1832), representante del *Sturm und Drang*, fue uno de los precursores del Romanticismo junto con **Johann Friedrich Schiller** (1759-1805). Entre sus obras, destacan la novela *Las desventuras del joven Werther* (1774) y el drama filosófico *Fausto* (1808).

POESÍA ROMÁNTICA

Los poetas románticos buscan la libertad a la hora de componer, la originalidad y la exaltación de los sentimientos. Admiran la naturaleza que los rodea y se identifican con ella. Son hombres y mujeres con fama de rebeldes y solitarios.

En Francia, poetas como **Alfred de Vigny** (1797-1863) o el propio **Victor Hugo** (1802-1885) comenzaron a componer una nueva poesía que no agradaba a los académicos más clásicos.

En Inglaterra, **Samuel Coleridge** (1772-1834) y **William Wordsworth** (1770-1850), a través del prólogo de su obra conjunta, *Balada lírica* (1798),

Retrato de lord Byron. Colección de retratos de la Biblioteca Nacional de Gales (1826).

románticos, pero todos ellos fallecen a una edad temprana. Aunque los tres fueron el prototipo de poeta romántico, fue lord Byron quien en vida disfrutó de esa fama. Hombre aristócrata y formado, que viajó por el mundo y luchó por sus ideales políticos, murió en Grecia cuando combatía contra los turcos.

En Alemania, una generación posterior a la del grupo *Sturm und Drang* lleva a la perfección los preceptos románticos con poetas como **Friedrich Hölderlin** (1770-1843) y **Novalis** (1772-1801). De este último es *Cantos a la noche* (1800), en la cual identifica el dolor por la pérdida de su amada, así como el amor que siente por ella, con la noche. A **Heinrich Heine** (1797-1856) se le considera el último poeta romántico y uno de los mejores de la literatura alemana.

En Italia, **Giacomo Leopardi** (1798-1839) se considera uno de los más grandes poetas de la literatura universal. A

definen un nuevo tipo de poesía que se convertiría en una proclamación del Romanticismo en Inglaterra. A **Percey Shelley** (1792-1822), **John Keats** (1795-1821) y **lord Byron** (1788-1824) les unieron lazos de amistad. Pertenecen a la segunda generación de poetas menudo se le llama «el poeta de la modernidad» por su estilo complejo y novedoso, un adelantado a su época que reflejaba en su ingente obra los principios del Romanticismo sin dejar de lado la influencia clásica que tanto admiraba.

En España, solo tras la muerte del rey Fernando VII —en 1833— pudieron regresar los exiliados liberales y, con ellos, se insuflaron los nuevos aires románticos.

José de Espronceda (1808-1842) es el arquetipo de poeta romántico tanto por su vida profesional como escritor como por la personal, dada su participación activa política en contra del absolutismo. Entre sus canciones, tan críticas con el mundo burgués, sobresale la *Canción del pirata* (1835). *El estudiante de Salamanca* (1840), con su protagonista rebelde a modo de don Juan y la ruptura de normas clásicas, como pone de manifiesto con la mezcla de géneros, es un gran ejemplo de poema narrativo romántico.

Gustavo Adolfo Bécquer y Rosalía de Castro son poetas posrománticos que buscaban la sencillez y la expresión de las emociones más íntimas. A **Bécquer** (1836-1870) también se le considera un poeta de gran modernidad por incorporar en su poesía el lenguaje cotidiano, de tal manera que hace parecer espontánea una poesía culta bien estructurada y meditada. Tras su muerte, sus amigos publicaron sus versos en *Rimas* (1859) ordenados en cuatro bloques: poesía, amor, desamor y angustia existencial. **Rosalía de Castro** (1837-1885) fue una de las principales figuras del *Rexurdimiento galego*, poniendo en valor la lengua gallega y su poesía tradicional en *Cantares gallegos* (1863), pero también cantando a sus gentes, a las desigualdades y a la emigración en obras como *Follas Novas* (1880). *En las orillas del Sar* (1884), escrita en castellano, es una obra más intimista que las

Rosalía de Castro. Foto de Luis Sellier (1880).

anteriores, en la que presenta una visión pesimista y desolada de la vida.

Carolina Coronado (1820-1911) destacó en poesía, aunque también escribió diversas novelas e hizo alguna incursión en el teatro. Para muchos, fue precursora del feminismo con versos como, por ejemplo, los de su poema *Libertad*, en los que critica que la sociedad está creada para los hombres y excluye a las mujeres.

En Hispanoamérica, el Romanticismo llegó un tanto diluido, tiempo después que se desarrollara en Europa. **José María Heredia** (Cuba, 1803-1839) fue uno de los primeros en introducir temática romántica en sus poemas, como *En el teocalli de Cholula* y *Oda al Niágara*. También destaca **Julio Arboleda** (Colombia, 1817-1861) con *Gonzalo de Oyón*, poema épico sobre la conquista del Imperio inca. También se debe mencionar a **Manuel Acuña** (México, 1849-1873) con su *Nocturno a Rosario*, célebre poema en el que expone sus sentimientos más íntimos hacia Rosario de la Peña, y **José Zorrilla de San Martín** (Uruguay, 1855-1931), con su poema *Tabaré*, una composición patriótica en la que da el lugar que le corresponde a una tribu desaparecida, los charrúas.

En Portugal, se dice que el Romanticismo entra con ímpetu entre los años 1836 y 1838, lapso que coincide con la instauración del Gobierno de Passos Manuel. Destaca una primera generación de poetas románticos alrededor de **Almeida Garrett** (1799-1854), con obras como *Folhas caídas* (1853), y de **Alexandre Herculano** (1810-1877). Una segunda generación romántica, conocida como *românticos da Regeneração*, de corte ultrarromántica por su poesía de evasión muy convencional, se unen alrededor de **António Feliciano do Castilho** (1800-1875); uno de esos poetas es **Lopes de Mendonça** (1827-1865).

PROSA ROMÁNTICA

Las principales manifestaciones de prosa romántica son la novela histórica, la fantástica, la gótica, la de ciencia ficción, la de aventuras, la sentimental y el artículo periodístico.

Novela histórica

En la novela histórica, los escritores románticos buscan evadirse de la realidad y, a su vez, valorar el pasado histórico.

En Francia, el escritor **Victor Hugo** (1802-1885) se centra en las clases más desfavorecidas en obras como *Los miserables* (1862) o *Nuestra señora de París* (la historia del jorobado Quasimodo). También sobresale **Alexandre Dumas** (1802-1870), novelista y dramaturgo creador del subgénero de «capa y espada», en el que caballeros espadachines rescatan damas y vengan su honor. Son muy célebres *Los tres mosqueteros* (1844) y *El conde de Montecristo* (1845).

En Gran Bretaña, el escocés **Walter Scott** (1871-1832) destaca con *Ivanhoe* (1820), novela ambientada en la Edad Media inglesa, con personajes como Ricardo Corazón de León y Robin Hood.

En Italia, a diferencia de otros países, **Alessandro Manzoni** (1785-1873) trabajó el rigor histórico en obras como *Los novios* (1842), ambientada en el siglo XVII.

En Portugal, la obra *Viajes en mi tierra* (1849), de **Almeida Garrett** (1799-1854), es un buen experimento romántico al aunar novela histórica, de viajes, de aventuras y sentimental.

En Hispanoamérica, destacan, entre otros, **Ricardo Palma** (Perú, 1833-1919), con *Tradiciones peruanas*, fruto de su interés por la historia tras doce años de trabajo; **Manuel de Jesús Galván** (República Dominicana, 1834-1910), con *Enriquillo* (1879), la historia de un jefe indio que se subleva contra los colonizadores españoles; y **Eduardo Acevedo Díaz** (Uruguay, 1851-1921), con la trilogía *Ismael*, *Nativa* y *Grito de gloria*. **Juana Manuela Gorriti** (Argentina, 1812-1892) refleja los principios románticos en sus novelas; *Sueños y realidades* es su obra más célebre.

Novela fantástica

La novela fantástica tuvo un gran auge en el siglo XIX y se define como aquella narración en la que ocurren sucesos inexplicables, a menudo ambientados en lugares imaginados y con presencia de objetos mágicos.

En el ámbito de habla alemana, **Ernst T. Amadeus Hoffmann** (Prusia, 1776-1822), fue uno de los pioneros de la novela fantástica y gótica. Algunos de sus relatos se recogieron en dos volúmenes bajo el título de *Piezas fantásticas* (1814).

El Romanticismo recupera cuentos y leyendas populares, por lo que cabe citar a los **hermanos Grimm**, Jacob (1785-1863) y Wilhelm (1786-1859), que llegaron a publicar hasta 200 cuentos, algunos maravillosos, y otros de folclore popular, como *El lobo y las siete cabritillas*, *Hansel y Gretel*, *Blancanieves*, *Caperucita Roja* o *Cenicienta*.

En Rusia, **Alexander Pushkin** (1799-1837) y **Nikolái Gógol** (1809-1852), además de interesarse en sus obras por las tradiciones y folclore del país, fueron dos de los precursores de la novela rusa del siglo xix. En *La dama de picas* (1834), cuento popular ruso, Pushkin critica los vicios de los seres humanos, pero introduce el personaje sobrenatural de la condesa. Ambos escritores relatan hechos cotidianos en una ambientación realista, pero sorprenden al lector al introducir un elemento incomprensible e inexplicable en las tramas de sus obras. **Iván Turguénev** (1818-1883) también escribe novela fantástica, como es el caso de *Fantasmas* (1864), en la que lo sobrenatural y los viajes en el tiempo tienen un papel importante.

En Francia, influenciado por Ernst Theodor Amadeus Hoffman, destaca **Théophile Gautier** (1811-1872) con obras como *La muerta enamorada* (1836), relato de temática vampírica.

En España, cabe destacar a **Gustavo Adolfo Bécquer**, quien sobresale con *Leyendas* (publicadas en el diario *El Contemporáneo* entre 1858 y 1865), breves narraciones de acción verosímil, ambientadas en tiempos pasados, pero con diversos elementos fantásticos o misteriosos («El monte de las ánimas» o «Maese Pérez el organista», entre otras).

Novela gótica

La novela gótica es una narración en la que se entremezcla lo fantástico, lo misterioso y el terror. Suele decirse que este tipo de novela nace con la obra de terror *El castillo de Otranto* (1764), de **Horace Walole** (1717-1797), cuyo subtítulo indicaba que se trataba de «una novela gótica».

En Inglaterra, **Ann Radcliffe** (1764-1823) es conocida como una de las escritoras más célebres de novela gótica de la época. Sus obras se ambientan en paisajes lúgubres y misteriosos, pero son narraciones que se acercan más a la novela psicológica que a la de terror. Destaca *Los misterios de Udolfo* (1794).

En Estados Unidos, **Edgar Allan Poe** (1809-1849) sentó las bases de la novela policiaca, profundizó en la psicología de sus personajes a través de la novela fantástica y escribió alguno de los relatos góticos más impactantes que se hayan concebido, sumergiendo al lector en un ambiente misterioso y terrorífico. *El cuervo, Los crímenes de la casa Morgue* o *El gato negro* son algunos de esos relatos.

Novela de ciencia ficción

La novela de ciencia ficción, que se comenzó a gestar en esta época, basa su argumento en logros científicos y tecnológicos imaginarios.

En Inglaterra, la novela *Frankenstein o el moderno Prometeo* (1818), de **Mary Shelley** (1797-1851), aunque también considerada una novela fantástica o gótica, marcó el inicio del género de ciencia ficción. El protagonista de la obra, interesado por la ciencia y sus avances, juega a ser Dios y crea un ser al que la sociedad nunca aceptará.

En Francia, décadas más tarde, **Julio Verne** (1828-1905) escribirá obras como *Viaje al centro de la Tierra* (1864), *De la Tierra a la Luna* (1865) o *Veinte mil leguas de viaje submarino* (1870). Se convertirá en el escritor de ciencia ficción por excelencia, considerado un adelantado a su tiempo por imaginar situaciones, tramas y objetos propios de mucho tiempo después.

Novela de aventuras

La novela de aventuras es una narración en la que se cuentan los viajes de un personaje con todos los peligros y desafíos que conlleva.

En Gran Bretaña, más propio de una generación posromántica, destaca **Robert Louis Stevenson** (Escocia, 1850-1894) con varias obras, como *La isla del tesoro* (1883). Fue autor de una ilustre obra, considerada por algunos como fantástica e incluso gótica: *El extraño caso del doctor Jekyll y el señor Hyde* (1886).

Novela sentimental

La novela sentimental se centra en la narración de emociones y sentimientos, generalmente amorosos.

En Inglaterra, la obra de **Jane Austen** (1775-1817) suele clasificarse dentro del género de novela sentimental, aunque está a medio camino entre la novela del siglo XVIII y el Romanticismo. En sus obras trata desde temas universales, como el amor, hasta situaciones

Retrato de Jane Austen realizado por su hermana Cassandra (1870).

cotidianas del día a día. Por medio de dinámicos diálogos, llenos de humor e ironía, crea personajes complejos pero muy humanos. Son los protagonistas de novelas como *Sentido y sensibilidad* (1811), *Orgullo y prejuicio* (1813) o

Emma (1816). Las hermanas **Charlotte Brönte** (1816-1855) y **Emily Brönte** (1818-1849) aunaron la novela sentimental con algunos rasgos góticos. Llama la atención el hecho de que viviendo una existencia difícil, llena de penurias, con su imaginación fueron capaces de crear obras de gran éxito en las que la mujer tenía un papel principal. De Charlotte es *Jane Eyre* (1847) y de Emily, *Cumbres borrascosas* (1847).

En Hispanoamérica, al contrario que otros tipos de novela, la sentimental tuvo bastante desarrollo. Las heroínas responden a un nuevo modelo de mujer, como la mestiza o la criolla, a menudo en calidad de reflejo de la defensa del autor por los pueblos indígenas. Generalmente, los obstáculos a los que se enfrentan los enamorados tienen que ver con la raza o la clase social. Destacan, en Argentina, *Soledad* (1847), de **Bartolomé Mitre** (1821-1906); en Colombia, *María* (1867), de **Jorge Isaacs** (1837-1895); en México, *Clemencia* (1869), de **Ignacio Altamirano** (1834-1893); y, en Cuba, *Cecilia Valdés* (1892), de **Cirilo Villaverde**.

En Europa, muchos de los poetas, novelistas y ensayistas más célebres colaboraban también con periódicos publicando artículos en los que generalmente opinaban y criticaban cuestiones literarias, políticas o costumbristas: en Alemania, **Heinrich Heine**; en Francia, **Victor Hugo** y **George Sand**, seudónimo de la novelista Aurore Lucile Dupin, precursora feminista que cultivó todos los géneros; en Inglaterra, el célebre crítico literario **William Hazlitt** y el ensayista y poeta **Leigh Hunt**, que escribieron en periódicos de la época, como *The Morning Chronicle* y *The Examiner*; en España, **José de Espronceda** publicaba en *El Siglo* y *El Correo Nacional*; **Ramón de Mesonero Romanos** lo hacía en *Diario de Madrid* y en *El Correo Literario y Mercantil*; **Rosalía de Castro**, en *El Imparcial*; **Carolina Coronado** colaboró entre otros con diarios hispanoamericanos y portugueses, como *Crónica Hispanoamericana*. En España, se considera a **Mariano José de Larra** (1809-1837) uno de los primeros periodistas modernos, caracterizado por un lenguaje mordaz y directo. Escribió durante un tiempo bajo el seudónimo de Fígaro, y por medio de sus artículos analizaba la actualidad política y las costumbres de la sociedad española, así como abordaba algunos temas relacionados con la literatura. Destaca también su novela histórica, *El doncel de don Enrique el Doliente* (1834).

Aunque el ensayo fue un género menos prolífico en el Romanticismo, escritores como el francés **Alexis de Tocqueville** (1805-1859), político, jurista e historiador, representan también la búsqueda de libertad desde un punto de vista más institucional, con obras como *El Antiguo Régimen y la Revolución* (1856) o *La democracia en América* (1835-1840).

TEATRO ROMÁNTICO

El drama romántico rompe con las normas clásicas y refleja los ideales del Romanticismo. Tuvo un mayor desarrollo en Alemania, Francia y España que en otros países.

En Alemania destaca **Johann V. Goethe** con *Fausto*, un drama en verso que escribió en cuatro fases durante sesenta años (1773-1832) en torno a la leyenda del hombre que vende su alma al diablo; y **Georg Büchner** (1813-1837), con su obra histórica *La muerte de Danton* (1835), ambientada durante la Revolución francesa.

En Francia despunta **Victor Hugo** con obras como *Cromwell* (1827), un perfecto ejemplo de ruptura de las normas clásicas al mezclar géneros y romper las tres unidades clásicas del teatro, y *Hernani* (1830), en la que plasma las principales características románticas; y **Alfred de Musset** (1810-1857), con su célebre *Lorenzaccio* (1835).

En España, el **duque de Rivas**, Ángel de Saavedra (1791-1865), desarrolla las nuevas ideas románticas en *Don Álvaro o la fuerza del sino* (1835) y **José Zorrilla** (1817-1893) lo hace con su *Don Juan Tenorio* (1844).

En Hispanoamérica, el teatro romántico se cultiva en un momento clave para las nuevas naciones, por lo que los temas románticos se adaptaron. Algunos poetas y novelistas célebres, como los argentinos **Esteban de Echeverría** (1805-1851) y **José Mármol** (1817-1871) o el ecuatoriano **Juan León** (1832-1894), escribieron dramas teatrales con características románticas. Destaca en todos los géneros **Gertrudis Gómez de Avellaneda** (Cuba, 1814-1873), figura clave del Romanticismo hispanoamericano, precursora de la novela hispanoamericana y candidata a un sillón de la Real Academia de la Lengua que nunca obtuvo por el mero hecho de ser mujer. Escribió más de quince obras teatrales, entre ellas, el drama en cuatro actos *Munio Alfonso*, estrenada en Madrid en 1844.

LITERATURA REALISTA Y NATURALISTA

REALISMO

El realismo es un movimiento cultural, artístico y literario que nace en Francia como oposición al Romanticismo. La literatura de mediados del siglo XIX es un reflejo de la época y representa de manera objetiva a la sociedad, en concreto, a la burguesa, potencial lectora de las obras. El escritor realista observa y describe detalladamente la realidad que lo rodea y realiza un gran análisis psicológico de los personajes; por ese motivo el género más cultivado es la novela.

A partir de 1830 algunos escritores románticos comienzan a introducir en sus escritos algunas escenas costumbristas propias de la realidad cotidiana; otros critican por medio de sus artículos periodísticos diversos aspectos de la sociedad. La evolución de estos dos factores da como resultado la novela realista. El autor idea personajes y acciones verosímiles, los sitúa en un tiempo y espacio actual, reconocible, y crea así sensación de «realidad» de lo narrado. La realidad como fuente de inspiración se plasma de dos formas distintas: por un lado, se describe y critica a la sociedad de la época; por otro, se ahonda en la psicología de los personajes.

Las novelas realistas gozan de gran éxito editorial en librerías y bibliotecas, pero la rápida demanda conlleva que los escritores comiencen a publicar por entregas en revistas. De este modo dejan intrigados a los lectores, que esperan con ansia cada nuevo número.

Los límites cronológicos del realismo varían dependiendo del país. Algunos de sus rasgos definitorios ya estaban presentes en Alemania o Francia alrededor de la década de 1830, mientras que en España no comienza hasta casi cuarenta años después.

NATURALISMO

El naturalismo surge en Francia en las últimas décadas del siglo XIX. El realismo se intensifica, la mirada del autor se vuelve hacia los sectores sociales más desfavorecidos y hacia los aspectos más desagradables de la realidad. El novelista **Émile Zola** asentó sus bases en las teorías filosóficas y científicas de la segunda mitad de siglo: el determinismo y el método experimental. El determinismo biológico y social afirma que el comportamiento del ser humano está marcado por la herencia biológica y las circunstancias sociales en las que nace y desarrolla su vida. El escritor que pone en práctica el método experimental trata a sus personajes al igual que un científico y los coloca en situaciones que permitan comprobar su comportamiento.

En las novelas realistas y naturalistas, el narrador omnisciente es conocedor de los acontecimientos e incluso llega a opinar sobre ellos. Por medio del estilo indirecto libre, sus reflexiones se funden con las de los personajes. Se da gran importancia al monólogo interior y al diálogo reproduciendo fielmente el habla coloquial de la época y adaptándolo a cada personaje.

LA NOVELA FRANCESA

Henry Beyle, más conocido por el seudónimo de **Stendhal** (1783-1842), publicó su gran obra maestra, *Rojo y negro*, en 1830. Se la considera una de las primeras novelas realistas, anticipándose en años al género. En palabras de Stendhal: «Una novela es un espejo que se pasea por un ancho camino». Entiéndase la palabra *camino* como metáfora de vida, por lo que la novela es un espejo de la vida misma.

Honoré de Balzac (1799-1850) se propuso reflejar en su obra *La comedia humana* (1833) la sociedad resultante tras la Revolución francesa. Se trata de una obra ingente formada por más de cien novelas, en las que los personajes se relacionan y los temas se repiten, dando lugar a la sensación de un solo cuerpo novelesco. Algunos de los títulos más célebres de esta obra son *Eugenia Grandet*, *La Vendetta* y *Papá Goriot*.

Gustave Flaubert (1821-1880) escribió una de las novelas realistas mejor considerada, *Madame Bovary* (1857), que, como en otras muchas obras de

Caricatura de Émile Zola por André Gille en la portada de *La Nouvelle Lune* (1882).

la época, trata el tema del adulterio femenino motivado por un matrimonio infeliz.

Émile Zola (1840-1902), periodista y escritor considerado el padre del naturalismo, creó una obra formada por una veintena de volúmenes en la que narra la historia de varias generaciones de una familia, *Los Rougon-Macquart* (1871-1893). En ella, la herencia genética y el entorno social determinan a los personajes. En algunos de estos libros, Zola recrea las duras condiciones en las que vivían los obreros de la época. Destacan *La taberna* (1877), *Naná* (1880) *y Germinal* (1885).

LA NOVELA INGLESA

El realismo inglés coincide con el mandato de la reina Victoria. Suelen designarse como «literatura victoriana» las obras publicadas en esta época y que surgen como reacción al Romanticismo inglés. Su máximo representante fue **Charles Dickens** (1812-1870). Uno de sus relatos más célebres es *Canción de Navidad* (1843), en el que el fantasma de las Navidades pasadas, presentes y futuras visita al avaro protagonista. Otros títulos esenciales son *David Copperfield* (1849) y *Oliver Twist* (1839), obra en la cual Dickens refleja la miseria del Londres de la época desde el punto de vista de un niño huérfano que debe buscar cómo sobrevivir. **Elizabeth Gaskell** (1810-1865) refleja las distintas clases sociales de la época en novelas como *Cranford* (1853), que se publicó con gran éxito en la revista literaria que dirigía Dickens. Mary Ann Evans (1819-1880), escritora y periodista, publicó bajo el seudónimo de **George Eliot** y centró la atención de sus obras en el protagonismo femenino alejado de sentimentalismos, como en *El molino de Floss*. **William Thackeray** (1811-1863) destaca con *La feria de las vanidades*. **Lewis Carroll** (1832-1898) escribió en época victoriana la magnífica obra *Alicia en el país de las maravillas* (1865), la historia de una niña que viaja en sueños a un mundo fantástico. Aunque esta obra aparenta ser un libro de fantasía, describe con todo detalle a los personajes y el «país de las maravillas» siendo fiel a las técnicas realistas del momento. Aunque **Marie Corelli** (1855-1924) pertenece a una generación posterior, se la considera integrante de este grupo por su estilo posromántico al introducir una temática sobrenatural en alguna de sus obras. Fue una novelista de gran éxito de ventas en su momento y se la criticó por su sencillo estilo.

LA NOVELA ESPAÑOLA

Se puede localizar el origen de la novela realista española en célebres obras de siglos anteriores, como *La Celestina* (1499), el *Lazarillo de Tormes* (1554) y *El Quijote* (1605).

Cecilia Böhl de Faber (1796-1877) publica en *El Heraldo*, bajo el seudónimo de Fernán Caballero, la que se considera la primera novela prerrealista de esta época en España, *La gaviota* (1849). Pero no será hasta la década de 1870 cuando **Benito Pérez Galdós** (1843-1920), escritor y político, publique obras maestras del realismo: *La fontana de oro* (1870) o *Fortunata y Jacinta* (1887). Destaca también *Los episodios nacionales* (1772-1912), compuesta por cuarenta y seis libros en los que se propuso novelar todos los hechos históricos ocurridos en España del siglo XIX, como la batalla de Trafalgar o las bodas reales. **Leopoldo Alas, Clarín** (1852-1901), fue uno de los mejores críticos literarios de finales de siglo, además de novelista. También se distinguió por sus relatos, algunos de ellos ambientados en su Asturias natal, plagados de dialectalismos, como es el caso de *¡Adiós, cordera!* Escribió una obra maestra del naturalismo español, *La Regenta* (1884), en la que la sociedad hipócrita de Vetusta abandona a la protagonista,

Ana Ozores, al descubrir su escandaloso adulterio. Vetusta es el reflejo del Oviedo contemporáneo de Clarín, un personaje más de la obra junto al trío protagonista: Ana, el sacerdote don Fermín y don Álvaro. **Emilia Pardo Bazán** (1851-1921), escritora y periodista gallega, una mujer adelantada a su tiempo que trató en alguna de sus obras temas tabús como el amor libre, la liberación de la mujer o la prostitución, protagonizó algunos episodios escandalosos en su época. Separada de su marido, mantuvo una relación con Benito Pérez Galdós y juntos viajaron por Europa aprovechando que ambos eran corresponsales periodísticos. Entre sus logros, fue la primera mujer catedrática de la Universidad Central, la primera socia del Ateneo de Madrid y la primera consejera del Ministerio de Instrucción Pública. Aunque lo intentó, nunca logró un sillón en la Real Academia de la Lengua. En *Los pazos de Ulloa* (1886) representa fielmente la vida rural en Galicia y es un ejemplo claro de cómo la herencia genética y el ambiente influyen en los personajes desde una perspectiva cristiana del determinismo. Otros autores renombrados de la época son **Juan Valera** (1824-1905), autor de *Pepita Jiménez* (1874), o **Vicente Blasco Ibáñez** (1867-1928), con obras naturalistas como *Arroz y tartana* (1894), *La barraca* (1898) y *Cañas y barro* (1902).

LA NOVELA EN CATALÁN

Narcís Oller (1846-1937), principal representante del realismo catalán, destacó por reflejar la Cataluña de su época. Una de sus obras más célebres es *La febre d'or* (1878).

LA NOVELA HISPANOAMERICANA

Es complicado establecer límites claros entre el Romanticismo y el realismo de finales del siglo XIX, ya que ambas tendencias tomaron como base el costumbrismo, es decir, la descripción de escenas o personajes cotidianos. Hubo muchos imitadores del naturalismo de Zola, con gran intensificación del determinismo, en novelas con un mensaje moral y en las que siempre se ensalza el civismo y la ley por encima de todo.

Son muchos los escritores que se pueden destacar: **Alberto Blest** (Chile, 1829-1904), con *La aritmética del amor* (1860) y *Martín Rivas* (1862); **Eugenio Cambaceres** (Argentina, 1843-1888), con *Sin rumbo* (1885) y *En la sangre* (1887); **Lucio Vicente López** (1848-1894), con *La gran aldea* (1884); o **Emilio Rabasa** (1856-1930).

Mientras que el Romanticismo idealizaba la vida de los indígenas americanos, el realismo describe su cruda realidad. Así, una serie de escritores trataron el tema indígena, como, por ejemplo, **Tomás Carrasquilla** (Colombia, 1858-1940) con *Frutos de mi tierra* (1896), en la que destaca su gran detallismo a la hora de reflejar fielmente el habla criolla. Los escritores llamados «criollistas» basaban las tramas de sus novelas en la dura vida del campo. Algunos ejemplos de trama criolla se encuentran en las novelas de **Javier de Viana** (Uruguay, 1868-1926) o **Mariano Latorre** (Chile 1886-1955). **Clorinda Matto de Turner** (Perú, 1852-1909) también escribe novelas de trama indígena, con obras como *Aves sin nido* (1889). Coetáneas a ella, otras mujeres hispanoamericanas novelistas, dramaturgas, poetisas, ensayistas y periodistas tuvieron que enfrentarse a la sociedad de su época por ejercer profesiones propias de hombres, como las peruanas **Teresa González de Fanning** (1836-1918), **Carolina Freyre de Jaimes** (1844-1916) o **Lastenia Larriva de Llona** (1848-1924), entre otras.

El realismo hispanoamericano de finales del siglo XIX se considera el origen del surgimiento del realismo mágico del siglo XX.

LA NOVELA PORTUGUESA

José M.ª Eça de Queirós (1845-1900) es el máximo representante del realismo portugués. En *El crimen del padre Amaro* (1875) lanza una crítica mordaz no solo a la sociedad en general, sino más en concreto a la Iglesia.

LA NOVELA ITALIANA

Giovanni Verga (1840-1922) escribe *Los Malavoglia* (1874), magistral retrato del día a día de una desafortunada familia siciliana.

LA NOVELA RUSA

La narrativa rusa lleva a la cumbre el realismo y naturalismo literarios. Los escritores critican y exponen a la sociedad rusa en sus novelas. **Fiódor Dostoievski** (1821-1881) profundiza además en la psicología de sus personajes centrándose en sus angustias y remordimientos. *Crimen y castigo* (1866) y *Los hermanos Karamazov* (1880) son sus obras más célebres. **León Tolstói** (1828-1910) escribió ensayos y cuentos, aparte de novelas. Destaca por su profunda crítica social no solo hacia la burguesía, sino también hacia la Iglesia e incluso los propios zares. *Guerra y paz* (1865-1869) y *Ana Karenina* (1877) son obras esenciales de la edad de oro de la narrativa rusa y, en un sentido más amplio, de la literatura universal.

LA NOVELA NORTEAMERICANA

Washington Irving (1783-1959), con *La leyenda de Sleepy Hollow* (1820), **James Fenimore Cooper** (1789-1851), con *El último mohicano* (1826), y **Nathaniel Hawthorne** (1804-1864), con *La letra* *escarlata* (1850), están considerados los fundadores de la novela norteamericana. Otros célebres novelistas de esta época son **Herman Melville** (1819-1881), autor de la afamada novela que narra la captura de una ballena, *Moby Dick* (1851), y **Mark Twain** (1835-1910), que escribió *Las aventuras de Tom Sawyer* (1876) y *Las aventuras de Huckleberry Finn* (1885). Las dos novelas están relacionadas por sus personajes y tratan temas como la inocencia infantil y la amistad, a la vez que critican a la sociedad americana del momento. **Henry James** (1843-1916) fue el autor de la insigne novela *Retrato de una dama* (1881).

Entre las mujeres escritoras destacan varias. **Harriet Beecher Stowe** (1811-1896), feminista que se posicionó a favor de la abolición de la esclavitud, fue la autora de la novela *La cabaña del tío Tom* (1851), que narra la vida diaria de un esclavo. **May Alcott** (1832-1888)

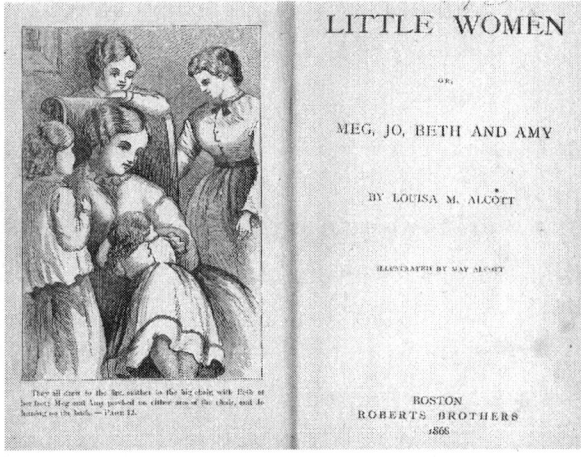

Mujercitas. Primera edición (1868), con ilustración de la propia May Alcott.

escribió obras de tipo costumbrista, como *Mujercitas* (1868), que describen la sociedad estadounidense del momento. Por su parte, **Kate Chopin** (1850-1904) está considerada una escritora feminista. Suya es la obra *El despertar*, en la que habla sobre la insatisfacción de muchas mujeres casadas. En sus novelas también trata el racismo y el mestizaje en historias ambientadas en plantaciones del sur de Estados Unidos, donde ella vivía.

EL RENACER DE LA LITERATURA EN LENGUAS AUTÓCTONAS

En Europa, se experimentaron diversos movimientos políticos y culturales cuyo propósito era recuperar y dignificar lenguas que por diversas razones se encontraban en una situación de inferioridad respecto a otras, como ocurrió en Irlanda con el gaélico, en el Imperio austrohúngaro con el checo o en Bulgaria con el búlgaro. Fueron muchos los autores del siglo XIX que buscaron recuperar las lenguas autóctonas, lo cual conllevó una mayor publicación de obras literarias escritas en esas lenguas.

En España, destacan la *Renaixença de la llengua catalana* en territorios de habla catalana; el *Rexurdimento de la lingua galega* en Galicia; y, en menor medida, el *Resurgimientu de la llingua asturiana*, en Asturias. La *Renaixença* se inicia con la publicación de *La pàtria* (1833), de **Carles Aribau** (1798-1862), pero fueron muchos los intelectuales que dieron impulso al movimiento: **Antoni Puigblanch**, **Maria Aguiló**, **Manuel Milà i Fontanals**, **Joaquim Rubió i Ors** o **Jacint Verdaguer**. Posteriormente, les siguieron **Àngel Guimerà** (1845-1924), escritor que marca la transición entre el Romanticismo y el realismo (*Mar i Cel*, *Terra baixa*), o **Narcís Oller** (1846-1930), realista y naturalista (*La febre d'or*). El objetivo del *Rexurdimento* era promover el uso de la *lingua galega* y recuperarla como lengua de prestigio en Galicia. Escritores como **Rosalía de Castro**, **Manuel Murguía**, **Manuel Curros Enríquez** o **Eduardo Pondal** se adhirieron a este movimiento. En Asturias, escritores como **Teodoro Cuesta** (1829-1895), poeta, periodista y músico, incentivaron el uso de la *llingua asturiana*.

ÚLTIMO TERCIO DEL SIGLO XIX

POESÍA

A finales del siglo XIX se produce una renovación de la poesía. Su origen se sitúa en una serie de cambios tanto a nivel social como cultural: entre otros, el ascenso de la burguesía, la industrialización y los avances científico-tecnológicos. Se trata de una nueva generación de poetas que se reúne en cafés de ciudades cosmopolitas para hablar en tertulias literarias, donde se critica a una sociedad burguesa en la que lo material tiene más importancia que lo espiritual. Esta generación se caracteriza por primar el subjetivismo y la originalidad, la búsqueda de la belleza y la evasión a otras épocas y lugares. Estas características se reflejan en cuatro corrientes literarias, tres de ellas con origen en Francia, que se extienden rápidamente por Europa: el simbolismo, el parnasianismo y el decadentismo.

Parnasianismo

El parnasianismo viene de la mano de **Théophile Gautier** (1811-1872) y de **Leconte de Lisle** (1818-1872), para los que la poesía representa la belleza. Ambos cultivan una poesía opuesta a la romántica, pero también alejada del realismo imperante. Se caracteriza por la perfección formal, la abundancia de figuras literarias y un vocabulario muy rebuscado con el fin de crear belleza.

Simbolismo

Los poetas simbolistas, en cambio, abogan por la originalidad y la subjetividad. Las palabras ya no tienen como objetivo la belleza, sino evocar otros significados ocultos mediante símbolos. Se busca la renovación métrica por medio de la musicalidad. **Charles Baudelaire** (1821-1867), escritor y traductor, está considerado uno de los padres de la poesía moderna junto con Arthur Rimbaud. Poeta simbolista, su obra *Las flores del mal* (1857), compuesta por ciento veintiséis poemas, causó un gran escándalo por transgredir la moral de la época y afirmar que el mal corrompe a la sociedad y triunfa sobre el bien.

Stéphane Mallarmé (1842-1898) compuso poesía para una minoría culta y llevó al extremo el simbolismo priorizando la evocación de las palabras con imágenes complicadas y dificultades sintácticas. Experimentó con la tipografía y el verso libre. Se dice de él que sentó las bases para el nacimiento de las vanguardias poéticas. Una de sus obras más importantes es *La siesta de un fauno* (1865).

Paul Verlaine (1844-1896), poeta simbolista por excelencia, destaca, además, por un célebre ensayo en el que analiza la obra de otros poetas de la época que, como él, rechazaban las convenciones sociales: *Los poetas malditos* (1884). En *Poemas saturnianos* (1866), introduce la métrica de los versos impares, así como asienta las bases de la nueva corriente poética.

Arthur Rimbaud (1854-1891) fue un excelente y precoz autor simbolista de gran talento, muy transgresor para la época. Aunque desde muy joven se rodeó de los poetas más célebres y demostró cualidades innatas para la escritura, con veinte años decidió no dedicarse más a ella. De su autoría son *Poesías* (recopilación de sus poemas escritos de 1869 a 1872) e *Iluminaciones*, una recopilación de sus poemas en prosa, la mayoría escritos durante su etapa en Londres.

Decadentismo

El decadentismo nace del malestar y desilusión de jóvenes poetas con una sociedad que consideraban decadente; jóvenes de carácter inconformista que defendían la originalidad, la imaginación y la evasión, como los románticos, pero desde un punto de vista negativo y de desánimo. El italiano **Gabriele D'Annunzio** (1863-1938) y el inglés **Oscar Wilde** (1848-1907) fueron dos de los poetas decadentistas de más renombre.

Modernismo

El modernismo fue un movimiento literario que tiene su origen en Hispanoamérica y tuvo gran influencia en España. Nace en una época de importantes transformaciones en la sociedad y de crisis espiritual en los escritores que se traduce en un cambio radical de estética literaria. Parte de la renovación estética del simbolismo y del parnasianismo: del simbolismo, toma la evocación por medio de símbolos, la connotación de las palabras y la musicalidad; del parnasianismo, la búsqueda de la belleza, la perfección formal y la evasión y el gusto por lo exótico. El modernismo es, además, pura sensorialidad.

José Martí (Cuba, 1853-1895), aparte de político, fue uno de los más grandes poetas de Hispanoamérica y uno de los principales de la época de transición al modernismo con obras que adelantan los presupuestos modernistas, como *Ismaelillo* (1882) y *Versos sencillos* (1891).

José Enrique Rodó (Uruguay, 1871-1917) es el autor de un ensayo crítico sobre Rubén Darío que este último añade al prólogo de la segunda edición de *Prosas profanas* y donde se sientan las bases del modernismo.

Julián del Casal (Cuba, 1863-1893), Ricardo Jaimes Freyre (Bolivia, 1866-1933), Leopoldo Lugones (Argentina, 1874-1938) o Julio Herrera y Reissig (Uruguay, 1875-1910) destacan como algunos de los mejores exponentes del modernismo. La adscripción o no de Amado Nervo (México, 1870-1919) al modernismo ha sido siempre muy debatida, pero en cualquier caso se trata de un poeta, escritor y periodista considerado una figura clave de la literatura hispana.

Rubén Darío (Nicaragua, 1867-1913), escritor, periodista y diplomático, es el máximo representante del movimiento y uno de los poetas que mayor influencia ha tenido en las letras hispánicas. Fue él quien acuñó el término *modernismo*, además de ser el lazo entre poetas de distintos países. Cabe citar entre sus obras: *Azul…* (1888), *Prosas profanas* (1896) y *Cantos de vida y esperanza* (1905).

El modernismo influyó de manera profunda en muchos escritores españoles de la talla de Ramón M.ª del Valle-Inclán, Antonio Machado o Juan Ramón Jiménez. Sucedió igual en Cataluña, con escritores como el dramaturgo Santiago Rusiñol y el poeta Joan Maragall.

*Eres un universo
de universos y tu alma
una fuente de canciones.*

RUBÉN DARÍO

Poesía norteamericana

A finales del siglo XIX comienza a producirse una renovación de la poética en Estados Unidos, cuyos representantes principales son Walt Whitman y Emily Dickinson. La poesía de **Walt Whitman** (1819-1892), poeta, ensayista y periodista, fue incomprendida en su época por su libertad expresiva y tratar temas tachados de inmorales por aquel entonces. Publicó en 1855 *Hojas de hierba*, obra poco valorada que no obtuvo éxito hasta treinta años después. Se dice de **Emily Dickinson** (1830-1886) que fue una mujer excéntrica y solitaria. Solo tras su muerte se supo que había escrito más de mil quinientos poemas que ella misma guardaba y había llegado a encuadernar. En vida se negó a publicar su obra y vivía recluida en casa, lo cual no era extraño para una mujer de su posición. En la actualidad, está considerada una de las poetas más importantes de la literatura norteamericana.

TEATRO

El teatro europeo de finales del siglo XIX pretende reflejar la realidad de la sociedad de la época. Se adecúa a los intereses del público burgués alejándose del idealismo romántico, con un estilo y lenguaje sencillo fiel al registro de los personajes.

El noruego **Henrik Ibsen** (1828-1906) fue un modelo por su habilidad para profundizar en la psicología de unos personajes que viven conflictos cercanos al público. En *Casa de muñecas* (1879), la trama se centra en una mujer que no es feliz en su matrimonio y que busca su propia autonomía en una sociedad creada por y para hombres.

Los rusos **Konstantín Stanislavski** (1863-1938), director de teatro, y **Antón Chéjov** (1860-1904) desarrollaron un método de interpretación teatral que aún hoy perdura. El teatro de Chéjov se ha calificado como innovador para su tiempo por los diálogos irónicos, los silencios dotados de significado, la importancia de la psicología de los personajes sobre la trama de la obra o las diversas interpretaciones de los discursos. En su teatro, presenta el declive de la sociedad rusa. De entre sus obras, destaca *El jardín de los cerezos* (1904).

En Inglaterra, **Oscar Wilde** (1854-1900), poeta, cuentista, novelista (*El retrato de Dorian Grey*) y dramaturgo, también quiso reflejar la realidad de su época con ingenio y humor, pero también con cierto tono sentimental. Hombre muy liberal para la época, tuvo que enfrentarse toda su vida a la rígida sociedad del Londres del momento. *La importancia de llamarse Ernesto* (1895) es una de sus comedias más célebres.

José Echegaray (1832-1916), destacado ingeniero y matemático, fue el primer español ganador del Premio Nobel de Literatura, considerado uno de los padres del teatro moderno en España. Una de sus obras más célebres es *El gran galeoto* (1881).

Literatura contemporánea (siglos XX y XXI)

LITERATURA CONTEMPORÁNEA (SIGLOS XX Y XXI)

1

① Siglos XX Y XXI **(1915-2019)**

- 1915 Franz Kafka,
  La metamorfosis
- 1931 Virginia Woolf, *Las olas*
- 1942 Ernest Hemingway,
  Por quién doblan las campanas
- 1949 Simone de Beauvoir,
  El segundo sexo
- 1967 Gabriel García Márquez,
  Cien años de soledad

- 1980 Umberto Eco,
  El nombre de la rosa
- 1999 Haruki Murakami,
  Sputnik, mi amor
- 2006 Louise Glück, *Averno*
- 2019 Margaret Atwood,
  Los testamentos

La literatura de los siglos xx y xxi se caracteriza por la renovación y experimentación en todos los géneros, así como por la diversidad y libertad de temas. Debido a los grandes avances tecnológicos, la actividad literaria sufre importantes transformaciones, tanto para el escritor como para el receptor de la obra. La llegada de internet y de la globalización ha posibilitado el acceso a la literatura de otros países y culturas, lo que ha favorecido, además, la diversidad temática y de géneros de nueva creación, de forma acorde con los tiempos: nuevos temas, como el cambio climático, la identidad de géneros o la diversidad sexual; nuevos géneros, como la poesía visual digital o el microrrelato. Algunos hitos literarios de los últimos años son el nacimiento del libro digital, la autoedición de las obras, el uso de aplicaciones y de redes sociales como medio para transmitirlas, para interactuar con los lectores e incluso para descubrir nuevos talentos.

LAS VANGUARDIAS LITERARIAS

La palabra *vanguardia* proviene del francés *avant-garde*, que significa «por delante», «a la cabeza». Las vanguardias, también conocidas como «ismos», son una serie de tendencias artísticas y literarias que surgen a principios del siglo XX con la finalidad de renovar el arte y las letras. Nacen en un contexto de crisis, pero también de transformaciones a nivel político, social y científico-tecnológico. Los artistas buscan romper con la tradición literaria anterior, experimentar y crear obras novedosas.

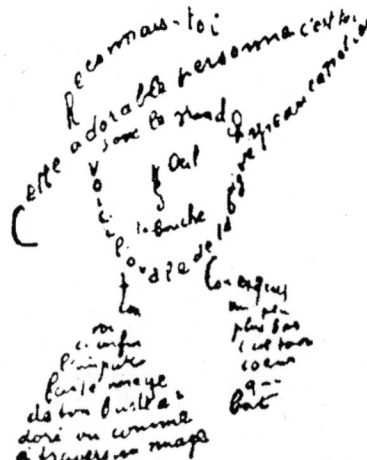

Caligrama de Guillaume Apollinaire dedicado a Louise de Coligny-Chatillon (1919).

El expresionismo se desarrolló sobre todo en Alemania, entre 1905 y 1920. Los escritores ponen el foco en lo grotesco de la realidad. Destaca **Georg Heym** (1887-1912).

El fundador del cubismo literario fue **Guillaume Apollinaire** (1880-1918). Los escritores cubistas descomponen la estructura narrativa tradicional, centrándose más en la forma que en el contenido. Un buen ejemplo son los poemas visuales o caligramas.

El futurismo surge en 1909, cuando **Tommaso Marinetti** escribe el *Manifiesto futurista*, donde exalta el progreso y las máquinas. Los escritores juegan con la tipografía, la sintaxis y la morfología de las palabras.

El dadaísmo lo iniciaron **Hugo Ball** y **Tristan Tzara** en 1916 y busca provocar una reacción privando al lenguaje de su significado y creando mensajes literarios al unir palabras al azar, como ocurre en los *collages*.

André Breton escribió el *Manifiesto surrealista* en 1924. El surrealismo literario recurre al uso de metáforas e imágenes insólitas y sigue las teorías de Freud al «escribir bajo el dictado del inconsciente». En poesía, sus composiciones carecen de métrica regular y de rima. El surrealismo fue una de las vanguardias más extendidas en Europa.

POESÍA

A lo largo de los últimos ciento veinticinco años, han sido muchas las generaciones de poetas, novelistas, dramaturgos y ensayistas que han compartido características literarias y, en algunos casos, también ideología, formación e incluso amistad. Se trata de grupos de escritores que se reúnen bajo la denominación de «generación», nombre que suele tomar como base una fecha concreta de un hecho histórico o de la década en la que llevaron a cabo su labor literaria. En cada nación, destacaron diversas generaciones de poetas que se adaptaron y, en algunos casos, se rebelaron en contra de su propio contexto sociocultural.

POESÍA EN LENGUA INGLESA

El irlandés **William Butler Yeats** (1865-1939) perteneció al llamado «renacimiento irlandés» (*Celtic Revival*) junto con otros autores de la talla de James Joyce. Ganador del Nobel de Literatura en 1923, destaca por introducir elementos del folclore irlandés en sus obras, como es el caso de *El viento entre los juncos* (1899).

En Inglaterra, cabe citar a la escritora **Radclyffe Hall** (1880-1943) como precursora de obras de temática LGTBIQ+, con novelas como *El pozo de la soledad* (1928), que fueron un verdadero escándalo en la época y llegaron a ser objeto de censura.

En Estados Unidos, **Ezra Pound** (1885-1972) escribe *Cantos* (1919-1948), considerado el mejor poema épico del siglo xx.

A imitación de Homero en su *Odisea* o Dante en la *Divina comedia*, busca crear una obra ingente que aúne tradiciones, literatura, mitología y reflexiones comunes al ser humano, sea de la nación que sea. El también estadounidense **T. S. Eliot** (1888-1965), ganador del Premio Nobel de Literatura en 1948, destaca por usar la técnica del fragmentarismo, que consiste en presentar distintas imágenes correlativas que el lector debe interpretar. *Cuatro cuartetos* (1939-1942) es su obra más célebre. **Dorothy Parker** (1893-1967) destacó en poesía por aunar en sus obras humor, sarcasmo e ironía con temas existenciales, como la melancolía. Hizo de la sátira un recurso para realizar críticas de forma humorística.

El galés **Dylan Thomas** (1914-1953) es considerado el último de los «poetas malditos», ya que, al igual que el grupo de poetas franceses del siglo XIX, tenía un espíritu rebelde y llevaba una vida bohemia plagada de excesos que reflejaba en sus versos, como en *Dieciocho poemas* (1934).

Los ingleses **Philip Larkin** (1922-1985) y **Ted Hughes** (1930-1998), marido de Sylvia Plath, forman parte de una generación de poetas que pone el foco en la realidad que los rodea haciendo uso de un lenguaje coloquial.

Robert Lowell (1917-1977) fue un poeta estadounidense del llamado «género confesional», es decir, aquel que profundiza en contar detalles personales. Lowell inspiró a la escritora norteamericana **Sylvia Plath** (1932-1963). Ambos fueron personas muy atormentadas, con tendencia a la depresión, lo que reflejan en su obra. Esta última despunta por crear una obra poética que gira en torno a la feminidad. *Ariel* es una de sus obras más célebres y se publicó póstumamente, en 1965.

Hacia 1950 surge en Estados Unidos, y más en concreto en la ciudad de San Francisco, la llamada «generación beat», un grupo de escritores jóvenes poco conformistas, rebeldes, muy críticos con la sociedad y dispuestos a romper con lo establecido. La música jazz, las drogas, la filosofía y la meditación tuvieron gran influencia en sus escritos. Destaca el poeta **Allan Ginsberg** (1926-1997), con su poema *Aullido* (1956), una crítica a la sociedad estadounidense y un canto a la libertad sexual, un verdadero escándalo en la época.

El también americano **Charles Bukowski** (1920-1994) tiene muchas similitudes con la generación *beat*, pero, en general, se asume que no perteneció a ella, pues no frecuentaba sus círculos y su poesía es mucho más pesimista. Su vida fue también muy bohemia y liberal, como se refleja en sus obras, como *Arder en el agua, ahogarse en el fuego*.

El irlandés **Seamus Heany** (1939-2013), ganador del Premio Nobel en 1995, fusiona la temática rural irlandesa con asuntos de tipo existencial.

La norteamericana **Louise Glück** (1943-2023), a quien concedieron el Premio Nobel en 2020, destaca por su estilo, sobrio, sencillo y depurado.

POESÍA EN LENGUA ESPAÑOLA

En España destaca **Antonio Machado** (1875-1939), poeta simbolista y modernista en una primera etapa, con rasgos propios de la generación del 98 en la segunda. Escribió *Soledades, galerías y otros poemas* (1907) y *Campos de Castilla* (1912). Una de las características de esta generación es la preocupación por la situación de España tras la pérdida de las colonias. Machado identificaba sus sentimientos con el paisaje español, en concreto el de Castilla, y en sus obras aborda temas existenciales como la vejez, la soledad y la muerte. **Juan Ramón Jiménez** (1881-1958) también tuvo una etapa simbolista (*Arias tristes*, 1903) y luego una modernista, para finalmente encontrar un estilo propio hacia una poesía pura (*Diario de un poeta recién casado*, 1917) que cada vez fue complicándose más.

En 1927, un grupo de poetas jóvenes rinden homenaje a Luis de Góngora en el tricentenario de su muerte. La fecha de este acontecimiento les da el nombre de «generación del 27», un conjunto de poetas que aunaban tradición y vanguardia y que estaban dispuestos a llevar a cabo una gran renovación estética. La guerra civil española truncó los planes de la generación más brillante de la literatura española después de la del Siglo de Oro. Entre la nómina de poetas destacan los siguientes: **Pedro Salinas** (1891-1951), con obras como *La voz a ti debida* (1933); **Vicente Aleixandre** (1898-1984), que obtuvo el Premio Nobel en 1977; **Rafael Alberti** (1902-1999), con

Salvador Dalí y Federico García Lorca. Turó Parc, Barcelona (1925).

Marinero en tierra (1924) o *Sobre los ángeles* (1929); **Luis Cernuda, Emilio Prados** o **Gerardo Diego**, entre otros.

Una de las figuras esenciales de la poesía y también el teatro del siglo xx fue **Federico García Lorca** (1898-1936), autor de obras como *Romancero gitano* (1928) o *Poeta en Nueva York* (1940). Muchas mujeres de la misma generación vieron silenciadas sus voces, que poco a poco comenzamos a oír. Son las llamadas «las Sinsombrero»: **Concha Méndez, M.ª Teresa León, Josefina de la Torre** o **Ernestina de Champourcín**.

El magistral poeta **Miguel Hernández** (1910-1942) tuvo relación con los miembros de esta generación, pero cronológicamente no pertenecía a ella. De su obra destaca *El rayo que no cesa* (1936).

Tras la guerra, se llamó «poesía arraigada» a la de los vencedores, poesía en la que España resurge idealizada. **Luis Rosales** (1910-1992) o **Leopoldo Panero** (1909-1962) son poetas arraigados. En cambio, **Dámaso Alonso** (1898-1990), poeta de la generación del 27, se enmarca en el existencialismo y escribe desde la angustia de un poeta silenciado por las consecuencias de la guerra.

Blas de Otero (1916-1979), **Gabriel Celaya** (1911-1991) o **José Agustín Goytisolo** (1928-1999) escriben poesía social, acorde con los tiempos de posguerra que les ha tocado vivir. También comprometidos socialmente, una serie de poetas pertenecen a la «generación del 50», los llamados «niños de la guerra», que han perdido la esperanza en la eficacia de la poesía: **Ángel González** (1925-2008), **José Manuel Caballero Bonald** (1926-2021), **José Ángel Valente** (1929-2000), **Jaime Gil de Biedma** (1929-1990) o **Francisco Brines** (1932-2021). **José Hierro** (1922-2002) bien pudo pertenecer a esa generación, pero su poesía es más de corte testimonial al reflejar con fidelidad la vida, como hace en *Tierra sin nosotros* (1947).

Se llamó «novísimos» a la siguiente generación, poetas cosmopolitas que se dieron a conocer en la década de 1970, con un lenguaje cercano y gusto por la experimentación. Entre ellos, destacan: **Álvaro Pombo** (1939), **Antonio Gamoneda** (1931), **Manuel Vázquez Montalbán** (1939-2003), **Leopoldo María Panero** (1942-2000) y **Vicente Molina Foix** (1946).

En la actualidad, en el marco de la poesía experimental, despunta la gallega **Chus Pato** (1955), Premio Nacional de Poesía 2024. Una de las figuras más representativas de la lírica de la experiencia es **Luis García Montero** (1958). Se trata de uno de los poetas españoles más influyentes de los últimos años. Sus poemas son en apariencia sencillos, una proyección de su realidad, pero en los que el lector puede perfectamente verse reflejado. *Habitaciones separadas* (1994) es una de sus obras más célebres. **Aurora Luque** (1962) o **Yolanda Castaño** (1977) son el ejemplo de algunas de las voces poéticas femeninas de más calidad del panorama poético español.

En los últimos años, han alzado su voz jóvenes poetas, como **Carlos Pardo** (1975), **Elvira Sastre** (1992) o el músico y poeta **Marwán** (1979).

En Hispanoamérica, destaca el peruano **César Vallejo** (1892-1938), que, tras una etapa modernista, experimenta con las vanguardias en obras como *Trilce* (1922) y con la poesía social y existencial. El argentino **Jorge Luis Borges** (1899-1986) escribe poesía introspectiva, filosófica e incluso metafísica con un lenguaje sobrio. Su poesía juega con la realidad y la ficción e irradia originalidad, complejidad e intelectualidad. El poeta chileno **Pablo Neruda** (1904-1973), ganador del Premio Nobel en 1971, es uno de los poetas más célebres del siglo xx. Destaca por *Veinte poemas de amor y una canción desesperada* (1924) y por *Residencia en la tierra* (1933), obra con elementos surrealistas. La poesía de la también chilena **Gabriela Mistral** (1889-1957), galardonada con el Premio Nobel en 1945, se caracteriza por su gran lirismo y musicalidad, por tratar temas universales, pero sin olvidar los propios de su cultura. El cubano **Nicolás Guillén** (1902-1989) destaca por aunar música, folclore afroamericano y vanguardias, lo que da como resultado la llamada «poesía negra», como en *Motivos del son* (1930). En Cuba, no se puede olvidar a **Dulce M.ª Loynaz** (1902-1997), que cultiva una poesía intimista. El mexicano **Octavio Paz** (1914-1998), reconocido con el Premio Nobel en 1990, recoge en sus versos reflexiones filosóficas y existenciales, y ha sido uno de los poetas más influyentes de Hispanoamérica. Destaca su obra *Piedra y sol* (1957). El uruguayo **Mario Benedetti** (1920-2009) fue un poeta comprometido con las causas sociales. Su obra es cercana, ya que trata temas universales, como el amor o la vida, a través de un lenguaje sencillo y con una métrica que se distingue por el uso de ritmos populares. Cabe citar su obra *Inventario* (1963). **Jaime Sabines** (1926-1999) es uno de los poetas más admirados de la literatura mexicana; su obra más conocida es *Los amorosos: cartas a Chepita* (1983). El poemario de la argentina **Alejandra Pizarnik** (1936-1972) se distingue por un gran lirismo, subjetividad y angustia existencial, pero a su vez experimenta con el surrealismo en algunas creaciones iniciales. Cabe destacar asimismo al venezolano **Rafael Cadenas** (1930) como representante de la poesía existencial e introspectiva.

En Uruguay, aunque exiliada en España desde la década de 1970, la poesía de **Cristina Peri Rossi** (1941) se distingue por dejar entrever su activismo político y tratar temas tabúes en su momento, como es la identidad sexual.

Son muchas las jóvenes que encarnan la diversidad de voces que se alzan en la actualidad en Hispanoamérica: **Minerva Reynosa** (México, 1981); **Enza García** (Venezuela, 1987); **Ramona de Jesús** (Colombia, 1995); o **Valeska Torres** (Brasil, 1990), entre muchas otras.

POESÍA EN LENGUA CATALANA

La lista de poetas renombrados del siglo XX en lengua catalana es extensa, por lo que se hace una selección a continuación. **Josep Vincenç Foix** (1893-1987) fue un poeta vanguardista cuya obra más célebre es *Sol i de dol*, publicada en 1947, pero escrita en su mayoría antes de la guerra civil española. **Joan Brossa** (1919-1998), poeta, dramaturgo y artista, creó junto con otros artistas, como Antoni Tàpies, la revista *Dau al Set*, en la que colaboró con diversos textos surrealistas. Llama la atención su poesía vanguardista visual. **Joan Oliver** (1901-1980), también conocido como Pere Quart, fue un poeta y dramaturgo, cofundador de la Institució de les Lletres Catalanes. Escribió poesía comprometida políticamente con la izquierda. **Vicent Andrés Estellés** (1924-1993), poeta, dramaturgo y periodista comprometido socialmente, refleja en su obra la memoria histórica y las tradiciones valencianas. **Miquel Martí i Pol** (1929-2003) se distingue por usar un lenguaje sencillo en una obra que alterna lirismo con realidad. Explora temas universales, como la lucha de clases sociales, el amor, la identidad catalana o la enfermedad (a raíz de su esclerosis múltiple). *Estimada Marta* (1978) es una de sus obras más notables.

POESÍA EN LENGUA FRANCESA

El poeta, ensayista y filósofo francés **Paul Valéry** (1871-1945) recibió una gran influencia del simbolismo, tendencia poética que superó hasta llegar a ser uno de los principales representantes de la poesía pura, una forma de poesía intelectual despojada de sentimentalismo.

Durante el primer tercio del siglo xx la poesía francesa se rinde ante el surrealismo. Tras la Segunda Guerra Mundial, los poetas buscaron otros estilos tanto para expresar lo que sentían como para realizar denuncia política y social. **Louis Aragon** (1897-1982), **Paul Éluard** (1895-1952) y **René Char** (1907-1988) son algunos de los poetas más relevantes de esta época.

En Bélgica, destacan **Maurice Maeterlinck** (1862-1949), que recibió

El gran poeta y filósofo francés Paul Valéry (*c.* 1925).

el Premio Nobel de Literatura en 1911 por su trayectoria mayoritariamente simbolista, y, años después, **Henri Michaux** (1899-1984), poeta y pintor de gran intensidad que experimentó e

**En mi verso
soy libre: él es mi mar.
Mi mar ancho y desnudo
de horizontes.**

DULCE MARÍA LOYNAZ

integró, en sus obras, sueños y angustias personales.

Algunas de las voces poéticas femeninas más destacadas de los últimos años en lengua francesa son, entre otras muchas, las que siguen: **Claudine Bohi** (1947); **Sylvie Fabre G.** (1951) e **Isabelle Lévesque** (1967).

POESÍA EN LENGUA ALEMANA

La alemana **Else Lasker-Schüler** (1869-1945), poeta y dramaturga, destaca por su estilo novedoso y original. Supo combinar imágenes vanguardistas de tipo surrealista con temas existenciales clásicos.

Rainer Maria Rilke (1875-1926) nació en Praga, ciudad que pertenecía al Imperio austrohúngaro por aquel entonces, pero escribió su obra en alemán. Fue uno de los poetas más influyentes de principios del siglo xx y destaca por su estilo lírico y su sensibilidad. Su *Sonetos a Orfeo* (1922) es una obra clásica de la poesía universal.

El conocido dramaturgo **Bertolt Brecht** (1898-1956) también destaca por su obra poética de tinte social y político, como refleja en su obra *Sátiras alemanas* (1945).

Paul Celan (1920-1970) vivió de primera mano no solo cómo era la vida en un campo de concentración, sino también la muerte de sus padres en uno de ellos. El holocausto nazi marcó su vida y su obra al escribir, lo que hizo con un fuerte sentimiento de angustia, a través de imágenes muy duras. *Amapola y memoria* (1952) es una de sus obras más destacadas.

En 1947, un grupo de escritores conocidos como «generación del 47» se propuso reconstruir el panorama literario del país tras la Segunda Guerra Mundial. Se comprometieron con la sociedad alemana participando en debates sociales y políticos del momento.

Entre todos los poetas sobresale una mujer, **Ingeborg Bachmann** (1926-1973), con obras como *Invocación a la Osa Mayor* (1956), así como el poeta y ensayista **Hans Magnus Enzensberger** (1929-2022).

POESÍA EN LENGUA ITALIANA

Las tendencias poéticas en Italia antes de la Segunda Guerra Mundial eran el futurismo y el hermetismo (caracterizado por la composición de breves poemas introspectivos). Destaca **Eugenio Montale** (1896-1981), Premio Nobel en 1975, poeta italiano fundamental por su poesía introspectiva. Tras la guerra, se impuso el neorrealismo, en el que destaca **Cesare Pavese** (1908-1950). Su poesía es introspectiva, pero siempre ambientada en su realidad más cercana. *Vendrá la muerte y tendrá tus ojos* (1951) se publicó un año después de su suicidio y recoge la angustia que el poeta sentía por el fin de la vida.

De entre los poetas que en la actualidad representan el panorama poético italiano se pueden citar, entre otros, los siguientes: **Milo de Angelis** (1951), **Valerio Magrelli** (1957) o **Antonella Anedda** (1958).

POESÍA EN LENGUA PORTUGUESA

El modernismo portugués no debe confundirse con el modernismo del ámbito hispánico. En este caso, el término se refiere a la introducción de las vanguardias en la literatura portuguesa. Se inicia con la revista que un grupo de jóvenes artistas había fundado, *Orpheu,* con el objetivo de renovar las artes y dar a conocer las vanguardias. Dentro de ese «primer modernismo» se encuentran: **Mário de Sá-Carneiro** (1890-1916), **José de Almada Negreiros** (1893-1970) y **Fernando Pessoa** (1888-1935). Fernando Pessoa destaca por la creación de hasta cuatro identidades literarias diferentes bajo las que publicaba distintas obras; cada voz poética era portadora de un mundo interior diferente. A un «segundo modernismo» pertenecen jóvenes poetas que escribían en la revista *Presença*, como **Irene Lisboa** (1892-1958), **José Maria dos Reis Pereira** (1901-1969) o **Miguel Torga** (1907-1995).

Algunas de las voces poéticas más actuales son **Fernando Pinto do Amaral** (1960), **Jorge Gomes Miranda** (1965), **Rui Pires** (1967) o **Pedro Mexía** (1972).

POESÍA EN LENGUA GRIEGA

Destaca el poeta griego **Kostantinos Kavafis** (1863-1933), que trataba temas universales usando como fuente de inspiración la historia y, en concreto, la de la antigua Grecia. Aun así, se trata de un poeta actual de gran calidad que tuvo gran influencia en generaciones

Retrato del poeta griego Kavafis (*c.* 1920).

posteriores, como en **Yannis Ritsos** (1909-1990).

NOVELA

(PRIMERA MITAD DEL SIGLO XX)

Los siglos XX y XXI se caracterizan por constantes crisis: guerras mundiales, Guerra Fría, guerra de Irak, 11-S, guerra de Ucrania, el conflicto armado entre Israel y Palestina, crisis económicas, cambio climático… Se suele afirmar que la novela es el género predilecto en época de crisis, ya que el escritor puede ahondar en la psicología de los personajes y dar voz a sus problemas y angustias con mayor facilidad.

La narrativa del siglo XX se caracteriza en sus inicios por una ruptura con la novela realista del siglo anterior y por renovar temas, estilo lingüístico y estructuras narrativas. Algunas de las novedades técnicas que se introdujeron fueron el narrador subjetivo en primera persona, las múltiples perspectivas, el antihéroe como protagonista, la evocación del pasado (analepsis), la anticipación del futuro (prolepsis), los espacios simbólicos y los juegos lingüísticos y visuales, entre otras innovaciones.

LA NOVELA EN LENGUA INGLESA

La estadounidense **Willa Cather** (1873-1947) destaca por su prosa lírica y su temática de tipo realista regionalista. Elabora magníficas descripciones de los paisajes y de la vida en los estados del centro de su país. Una de sus obras más célebres es *Uno de los nuestros* (1922). El irlandés **James Joyce** (1882-1941) destacó por renovar las técnicas narrativas de su tiempo, sentando las bases de la novela moderna. Escribió *Dublineses* en 1914, pero será con *Ulises* (1922), una sátira de la *Odisea* de Homero, donde, además de ahondar en la psicología humana, rompe la linealidad del relato y usa de forma magistral el monólogo interior y una compleja simbología.

Virginia Woolf (1882-1941) está considerada una de las mejores escritoras inglesas de su época y contribuyó a la formación de la novela moderna a través de algunas de sus innovaciones: el lirismo de su narrativa, el tratamiento del tiempo o los tintes reivindicativos de su prosa, como en lo relativo a los derechos de la mujer. Entre sus obras cabe apuntar estas: *La señora Dalloway* (1925), *Una habitación propia* (1929) o *Las olas* (1931).

Se conoce como la «generación perdida» a un grupo de escritores estadounidenses que, tras la Primera Guerra Mundial y la Gran Depresión, trasladan su desilusión y preocupaciones al arte y representan la nueva forma de pensar de muchos jóvenes americanos. Veamos los más destacados. **Francis Scott Fitzgerald** (1896-1940) nos ha legado obras que reflejan el resurgir de las décadas de 1920 y 1930, el jazz y la vida de la alta sociedad, como es el caso de *El gran Gatsby* (1925). **John Dos Passos** (1896-1970), escritor comprometido política y socialmente, introdujo innovaciones técnicas más propias del cine, como la simultaneidad de acciones. Escribió *Manhattan Transfer* (1925), obra en la que la ciudad de Nueva York es un personaje más. El ganador del Premio Nobel de 1949, **William Faulkner**, innovó al romper el tiempo cronológico narrativo y creó un particular mundo simbólico, el condado de

Yoknapatawpha, que influyó en autores como Gabriel García Márquez y su Macondo. Retrató la decadencia de la sociedad en obras como *El ruido y la furia* (1929). Por su parte, **Ernest Hemingway** (1899-1961), Nobel de Literatura en 1954, participó en diversas guerras como corresponsal, entre ellas, en la guerra civil española. Con un estilo sencillo supo retratar la violencia no solo del conflicto, sino también de algunas actividades, como los toros o la caza. Destacan sus novelas *Por quién doblan las campanas* (1940) y *El viejo y el mar* (1952). **John Steinbeck** (1902-1968), galardonado con el Premio Nobel en 1962, fue un autor con gran conciencia social y así lo refleja en obras como *Las uvas de la ira* (1938), en la que los protagonistas, de estrato social bajo, luchan por sobrevivir en un mundo ferozmente capitalista.

LA NOVELA EN LENGUA ESPAÑOLA

A principios del siglo xx, tras la crisis nacional por la pérdida de las colonias españolas en 1898, un grupo de autores, la llamada «generación del 98», se propuso reformar el país a través de sus escritos. Con un lenguaje sobrio y sencillo, apostaron por la reflexión y el análisis de la sociedad, centrándose en el paisaje castellano como símbolo de la nación.

Miguel de Unamuno (1864-1936) inunda sus obras de contenido filosófico y existencial. Califica su propia obra *Niebla* (1913) de «nivola», en alusión a un tipo de creación narrativa como obra alejada de las novelas realistas, con poca acción y mucho diálogo. En ella, el protagonista incluso dialoga con el propio Unamuno sobre la existencia de ambos personajes. **Pío Baroja** (1872-1956) acerca la novela a la vida misma, por eso sus obras no tienen una estructura cerrada y aparentan ser fragmentarias.

Los personajes se caracterizan de forma esquemática; en cambio, se priorizan la acción y el lenguaje coloquial y sencillo. En *El árbol de la ciencia* (1911), Baroja encarna la decadencia de España en un personaje, Andrés Hurtado, que emana desilusión y sufre múltiples desdichas. José Martínez Ruiz, **Azorín** (1873-1967), con un estilo muy introspectivo y reflexivo, tampoco sigue la estructura tradicional de la novela y se centra en la descripción y los detalles del paisaje español como símbolo de un país decadente. **Ramón M.ª del Valle Inclán** (1866-1936) fue el gran renovador de la literatura de esta época, en todos los géneros. Aunque su primera etapa es modernista y también escribe novela histórica, Valle Inclán experimenta con las vanguardias y con el lenguaje, como hace por ejemplo en *Tirano Banderas* (1926), en la que mezcla español de América con el de la Península.

Las nuevas generaciones difundieron un nuevo arte narrativo. Se trató de la llamada «generación del 14» o «novecentismo», con autores como **Ramón Pérez de Ayala** (1880-1962), **José Ortega y Gasset** (1883-1955), **Gabriel Miró** (1879-1930) o **Ramón Gómez de la Serna** (1888-1963), este último, autor de *Greguerías* (1917), obra llena de frases breves en las que se combina el humor con metáforas ingeniosas.

En Hispanoamérica, el escritor y Premio Nobel de 1967 **Miguel Ángel Asturias** (Guatemala, 1899-1974) está considerado el gran renovador de la novela, ya que supo fusionar el realismo y la denuncia social con elementos sobrenaturales y mitología, anticipándose así al realismo mágico. **Jorge Luis Borges** (Argentina, 1899-1986) renueva el género del cuento al incorporar elementos metafísicos y filosóficos, así como juegos mentales con múltiples significados.

Borges cultivó la prosa acercándose al cuento. Destaca *El Aleph* (1949), obra en la que presenta un lugar que contiene todo el universo. Cada una de sus llamadas «ficciones» son una obra maestra.

Algunos escritores, como **Ciro Alegría** (Perú, 1909-1967), se centraron en la novela política y en la defensa de los derechos indígenas. Otros, como el maestro del cuento hispanoamericano, **Horacio Quiroga** (Uruguay, 1878-1937), o el venezolano **Rómulo Gallegos** (1884-1969), se dedicaron a la novela regionalista como reacción al modernismo cosmopolita, con la naturaleza como protagonista de sus novelas.

LA NOVELA EN LENGUA CATALANA

Eugeni d'Ors (1981-1954) impulsó el *Noucentisme* en Cataluña y fue un referente en la reforma cultural catalana. Destaca su obra *La ben plantada* (1911).

LA NOVELA EN LENGUA FRANCESA

El francés **Marcel Proust** (1871-1922) es uno de los más importantes novelistas de la literatura universal y uno de los grandes renovadores de la narrativa. Introdujo grandes innovaciones formales: el estilo lírico, los saltos en el tiempo o las descripciones detalladas de emociones y de recuerdos. Explora así la mente de los personajes o el análisis profundo de las relaciones humanas. *En busca del tiempo perdido* (1913-1927) es su obra principal y consta de siete libros, en los que describe la sociedad francesa de finales del siglo XIX y trata temas diversos, como el amor, los celos y el paso del tiempo.

Cabe destacar a **Antoine de Saint-Exupéry** (1900-1944), que con *El principito* (1943) creó un clásico contemporáneo de la literatura universal. Se trata de una fábula en la que el protagonista es el niño que todo adulto lleva dentro, un relato, en apariencia infantil, pero que trata temas profundos y filosóficos, como las relaciones humanas, la amistad o la propia existencia.

LA NOVELA EN LENGUA ALEMANA

En alemán existen dos términos distintos, en función de si se alude a la novela extensa o a la breve. *Roman* se refiere a una novela extensa, con acción y personajes más o menos complejos. En cambio, *Novelle* alude a un relato más breve. A principios del siglo xx, algunos escritores renovaron el género de la *Novelle*. Alumbraron obras en las que la acción casi desaparecía para convertirse en un conflicto de tipo simbólico y en tema de reflexión. Los dos grandes renovadores de este tipo de novela breve fueron Thomas Mann y Frank Kafka.

Thomas Mann (1875-1955), Premio Nobel de 1929, prioriza la reflexión filosófica a la acción del relato. A través de sus obras, el autor reflexiona sobre distintos temas, dejando la trama en un segundo plano. Su obra principal es *La montaña mágica* (1924). **Stefan Zweig** (1881-1942), aborda en sus obras las pasiones humanas y los conflictos psicológicos. Escribió todo tipo de géneros y es uno de los escritores en lengua alemana más traducidos a nivel mundial. Entre sus obras más detacadas están las novelas *Carta de una desconocida* (1922) y *La impaciencia del corazón* (1939); su autobiografía *El mundo de ayer* (1942) y decenas de ensayos en los que defiende una Europa unida. **Frank Kafka** (Praga, 1883-1924) refleja en sus obras el absurdo, situaciones surrealistas o incomprensibles que hacen sentir a los personajes angustia, impotencia y opresión. Destaca *La metamorfosis* (1915), novela en la que el protagonista, al despertar, se da cuenta de que es un insecto.

LA NOVELA EXISTENCIALISTA

Tras la Segunda Guerra Mundial, surge esta corriente, que engloba aquellas novelas en las que la angustia existencial lo invade todo. Años antes, esta característica ya estaba presente en autores como Miguel de Unamuno, Thomas Mann, Saint-Exupéry o Kafka. **Jean-Paul Sartre** (Francia, 1905-1980) defendía que la existencia es absurda y cada individuo debe buscarle el sentido a la vida a partir de sus propias experiencias y decisiones. Estas ideas las refleja en obras como *La náusea* (1938). **Albert Camus** (Argelia, 1913-1960) escribe *El extranjero* (1942), una de las obras más representativas del existencialismo. En ella el protagonista, un hombre apático, carente de calores y que vive una existencia «vacía», no se inmuta ni tan siquiera tras cometer un crimen ni tras la muerte de su madre. La novela existencialista y, en concreto, el estilo

Simone de Beauvoir y Jean-Paul Sartre (1955).

de Sartre influyeron en muchos novelistas, dramaturgos y ensayistas de la época, como Simone de Beauvoir, Jean Genet, Samuel Beckett, Julio Cortázar o Ernesto Sábato, quienes adaptaron estos temas a sus propias identidades culturales. **Simone de Beauvoir** (1908-1986), pareja de Sartre, ha sido una figura pionera y emblemática del feminismo como filósofa, ensayista y novelista que defendió las ideas del existencialismo y de la libertad individual abogando por la autonomía de las mujeres.

LA NOVELA DE GÉNERO

A principios del siglo XX, surgieron, junto con los tradicionales, nuevos géneros novelescos que han llegado hasta la actualidad. Algunos de los que más éxito han tenido y siguen teniendo entre los lectores son los que figuran a continuación.

Novela de misterio, detectives y espías

Algunas de ellas son de gran celebridad por las adaptaciones cinematográficas realizadas por los estudios de Hollywood. El escocés **Sir Arthur Conan Doyle** (1859-1930), precursor de la novela de misterio y detectives, es conocido por crear el personaje del observador detective Sherlock Holmes y de su ayudante, el señor Watson. La inglesa **Agatha Christie** (1890-1976) fue la creadora de personajes tan célebres como el detective Hércules Poirot o la observadora anciana miss Marple; entre sus obras, cabe citar: *Asesinato en el Orient Express* (1934) y *Muerte en el Nilo* (1937). La estadounidense **Patricia Highsmith** (1921-1995) es renombrada por crear la saga de Tom Ripley, un estafador y usurpador de identidades, que se inicia con *El talento del señor Ripley* (1955). El inglés **Ian Fleming** (1908-1964) creó el personaje de James Bond y, con él, el subgénero de espías y agentes secretos. Se trata del mismo género que cultivó **John le Carré** (1931-2020) con obras como *El jardinero fiel* (2001). **Leonardo Padura** (Cuba, 1955) destaca por sus novelas policiacas, como *El hombre que amaba a los perros* (2009). Y la francesa **Fred Vargas** (1957) escribe novelas policiacas y es célebre por la creación del personaje del comisario Adamsberg.

Novela fantástica

Se trata de novelas y sagas de novelas que recuerdan a epopeyas antiguas, ambientadas en épocas inciertas de estilo medieval. **J. R. R. Tolkien** (Sudáfrica, 1892-1973) escribe *El señor de los anillos* (1954) y **C. S. Lewis** (1898-1963), *Las crónicas de Narnia* (1949). En las dos, la mitología, las aventuras y la amistad están presentes. En los últimos años, ha gozado de gran éxito, en parte por sus adaptaciones televisivas y cinematográficas, la saga de *Canción de hielo y fuego* (1996), del norteamericano **George R. R. Martin** (1948), más conocida por el título del primer volumen, *Juego de tronos*. También ha sido el caso de *Harry Potter* (1997), de la inglesa **J. K. Rowling** (1965), que ha llegado a ser un fenómeno cultural debido a su éxito a nivel mundial.

Novela de ciencia ficción y futurista

Estas novelas están ambientadas en un futuro distópico, en sociedades avanzadas tecnológicamente. El británico **H. G. Wells** (1866-1946) escribió obras tan célebres como *El hombre invisible* (1897) o *La guerra de los mundos* (1898). El estadounidense **H. P. Lovecraft** (1890-1937) se considera un genio de la literatura de terror y ciencia ficción, conocido por ser el creador del mito de Cthulhu. Los ingleses **Aldous Huxley** (1894-1963), con *Un mundo feliz* (1932), y **George Orwell** (1903-1950), con *Rebelión en la granja* (1945) y *1984* (1949), escriben obras en las que se critica a los poderosos que logran controlar el mundo a través de la opresión y manipulación. En *Un mundo feliz* se presenta una sociedad aparentemente feliz, pero que esconde desigualdades. En *Rebelión en la granja*, los animales se rebelan ante los humanos tomando el poder y comportándose después igual que ellos, oprimiendo al resto.

El británico **Arthur C. Clarke** (1917-2008) anticipó en su obra avances científicos y tecnológicos importantes, como hizo en *2001, una odisea en el espacio* (1968). **Ray Bradbury** (1920-2012) relata la colonización del planeta rojo en *Crónicas marcianas* (1950). En *Fahrenheit 451* (1953) narra una historia ambientada en un futuro en el que los libros están prohibidos. **Philip K. Dick** (1928-1982) escribió *¿Sueñan los androides con ovejas mecánicas?* (1968), la novela que inspiró la película *Blade Runner*, en la que el protagonista persigue a autómatas replicantes de seres humanos. Por otro lado, están las novelas de ciencia ficción propiamente dichas, como las de **Isaac Asimov** (1920-1992), que en la colección de relatos *Yo, robot* (1953) se adelanta imaginando una sociedad en la que los robots tienen cada vez más autonomía y vaticinando las fatales consecuencias que conlleva el nacimiento de la inteligencia artificial.

Novela de aventuras

Se caracteriza por ambientarse en lugares exóticos, lejanos o enigmáticos. Los audaces protagonistas suelen emprender viajes en que exploran lo desconocido y se enfrentan a diversos peligros y enemigos. **Joseph Conrad** (Ucrania, 1857-1924) escribió *El corazón de las tinieblas* (1902), una obra en la que se explora la colonización belga del Congo. El británico **Rudyard Kipling** (1865-1936) fue el creador de *El libro de la selva* y de las aventuras del pequeño Mowgli. **Jack London** (California, 1876-1916) narra en *Colmillo blanco* (1906) una historia ambientada en el norte de Canadá que no solo cuenta la relación entre los humanos y un lobo salvaje, sino que también explora temas como el instinto de supervivencia o la lealtad.

Novela histórica

Esta obra, de ficción, se ambienta en un periodo histórico pasado y en ella pueden interactuar personajes que han existido o no y sucederse situaciones tanto reales como ficticias. Algunos de los escritores de novela histórica con mayor éxito no solo en sus respectivos países, sino también en todo el mundo, son los siguientes: **Noah Gordon** (Estados Unidos, 1926-2021), con su éxito de ventas, *El médico* (1986); **Massimo Manfredi** (Italia, 1943), autor de la trilogía de *Alexandros* (1998-2000); **John Banville** (Irlanda, 1945), autor de *Kepler* (1981); **Ken Follett** (Reino Unido, 1949), célebre autor de *Los pilares de la Tierra* (1989); o **Arturo Pérez-Reverte** (España, 1951), autor, entre otras, de la obra *El capitán Alatriste* (1996).

NOVELA

(SEGUNDA MITAD DEL SIGLO XX Y SIGLO XXI)

LA NOVELA EN LENGUA INGLESA

Tras la Segunda Guerra Mundial, la narrativa en lengua inglesa seguía la tradición realista de años anteriores, pero a mediados de siglo surgieron nuevas tendencias y autores.

La australiana **Christina Stead** (1902-1983) es la autora de *El hombre que amaba a los niños*, considerada una de las mejores novelas del siglo xx. **Lawrence Durrell** (India británica, 1912-1990) escribe la tetralogía *El cuarteto de Alejandría* (1957-1960), un clásico de la literatura, ambientada en el Egipto de antes de la Segunda Guerra Mundial. **Graham Greene** (Inglaterra, 1904-1991) fue un célebre escritor de novelas de espionaje y temas políticos muy aclamadas. Se han hecho también exitosas adaptaciones cinematográficas de sus obras; es el caso de *El tercer hombre* (1949). **William Golding** (Inglaterra, 1911-1993), Premio Nobel de Literatura en 1983, destaca por su novela *El señor de las moscas* (1954), fábula sobre los instintos, la maldad y la condición humana. En sus obras, pone a sus personajes en situaciones límite. Otra obra de reflexión sobre la violencia y la toma de decisiones es *La naranja mecánica* (1962), de **Anthony Burgess** (Inglaterra, 1917-1993), de gran repercusión debido a la versión cinematográfica de Stanley Kubrick, en la cual el director decidió eliminar el capítulo final, el de la redención del protagonista.

El estadounidense **Jack Kerouac** (1922-1969) fue uno de los principales representantes de la generación *beat*, marcada por la rebeldía e inconformismo de los jóvenes de su tiempo. *En el camino* (1957) se convirtió en una novela de culto. Narra la crónica de un desenfrenado viaje por México y Estados Unidos, cuyos protagonistas son el propio Kerouac y sus amigos Allen Ginsberg y William Burroughs.

La británica **Doris Lessing** (1919-2013), ganadora del Premio Nobel en 2007, nació en Irán y creció en Zimbabue, motivo por el que trata de cerca el tema del colonialismo en sus obras. Destaca por su profundo análisis psicológico y por abordar temas

Jack Kerouac. Foto de reclutamiento (1943).

sociales, políticos y feministas. *El cuaderno dorado* (1962) está considerada una obra maestra de la literatura feminista. **J. D. Salinger** (Estados Unidos, 1919-2010), además de escribir cuentos y relatos para revistas, publicó una sola novela, icono de la literatura juvenil americana: *El guardián entre el centeno* (1951). El periodista y escritor norteamericano **Truman Capote** (1924-1984) es uno de los representantes del llamado «nuevo periodismo», desarrollado en la década de 1960 en Estados Unidos, junto con **Tom Wolfe** (1930-2018), entre otros. Con un lenguaje directo, muy novedoso, Capote escribe obras tan distintas como *Desayuno en Tiffany's* (1958) o *A sangre fría* (1966), en las que crea el género de novela de no ficción y relata la crónica de un crimen, tras un arduo trabajo de investigación. La estadounidense **Harper Lee** (1926-2016) solo escribió dos novelas, una de las cuales se ha convertido en un clásico de la literatura universal: *Matar a un ruiseñor* (1960). La canadiense **Alice Munro** (1931-2024), Premio Nobel de Literatura en 2013, ha sido una de las mejores voces del relato corto al dar protagonismo a un gran número de mujeres en sus historias. Es el caso de *La vida de las mujeres* (1971). Las novelas de **Susan Sontag** (Estados Unidos, 1933-2004) parten de una observación, recuerdo o deseo que después conecta con ámbitos más generales. Su prosa es reflexiva, intelectual y crítica, como se hace patente en su obra *El amante del volcán* (1995). El estadounidense **Philip Roth** (1933-2018) ha sido una de las voces fundamentales de la literatura del siglo xx en lengua inglesa. Aborda de forma mordaz temas como la identidad personal o la vida cotidiana de los judíos norteamericanos. *Pastoral americana* (1997) es una de sus obras fundamentales. La canadiense **Margaret Atwood** (1939) es una de las principales figuras del mundo literario en la actualidad. Comenzó escribiendo poesía, después relatos y, más tarde, novelas. Ha explorado distintos géneros, desde el policiaco hasta el histórico, pasando por novelas, como su muy conocida *El cuento de la criada* (1985), ambientada en un futuro distópico y llevada a la pequeña pantalla con gran éxito. **John Maxwell Coetzee** (Sudáfrica, 1940), Premio Nobel en 2003, ha sabido como pocos abordar el tema del colonialismo y de la justicia social, las opresiones y el racismo en Sudáfrica. Algunas de sus obras son *Desgracia* (1999), *Elizabeth Costello* (2003) o *El polaco* (2022). La estadounidense **Alice Walker** (1944) creó el concepto de *womanism* para describir el tema de las obras literarias que se centran en las condiciones de vida de las mujeres de raza negra. Su obra *El color púrpura* (1982) refleja el estilo propio de la literatura afroamericana y del *womanism*. El norteamericano **Paul Auster** (1947-2024), ensayista, poeta, guionista y novelista, está considerado un gran maestro de la literatura contemporánea. Sus diálogos reflexivos e intimistas y su prosa elegante renuevan el género de la novela negra en las tres que conforman *La trilogía de Nueva York* (1985-1986). Su última novela se publicó en 2023 bajo el título de *Baumgartner*.

Veamos a continuación algunos de los novelistas más destacados de habla inglesa en la actualidad:

El inglés **Ian McEwan** (1948) narra en su último libro hasta la fecha, *Lecciones* (2022), la historia de un hombre cuya vida está marcada por diversos acontecimientos históricos, como la caída del muro de Berlín o el COVID-19. **Kazuo Ishiguro** (1954), japonés afincado desde niño en Inglaterra y Premio Nobel en 2017, destaca por su prosa, sencilla y sobria, y un narrador en primera persona que desconoce lo que está por suceder; incluye personajes complejos y acciones ambientadas en realidades paralelas. Entre sus obras, sobresalen *Nunca me abandones* (2005) y *Klara y el sol* (2021), en la que reflexiona sobre la inteligencia artificial. Cabe mencionar también a **Donna Tartt** (1963), Premio Pullitzer de Ficción por *El jilguero* (2013), y a **Zadie Smith** (Londres, 1975), una de las escritoras más importantes en la actualidad de habla inglesa. Con su novela *Dientes blancos* (2000) aborda temas como el racismo o el Londres multirracial. En *La impostura* (2024), novela de corte victoriano, explora los problemas sociales, culturales y raciales de la época. La irlandesa **Sally Rooney** (1991) es una de las escritoras jóvenes con más proyección de los últimos años. Su novela más célebre, adaptada con éxito a televisión, es *Gente normal* (2020).

LA NOVELA EN LENGUA ESPAÑOLA (ESPAÑA)

Al finalizar la guerra civil española (1936-1939), los escritores recurrieron a la novela no solo para describir una sociedad empobrecida, sino también para denunciar la represión y exponer sus preocupaciones.

A los escritores que se exiliaron se los conoce como la «generación perdida», autores en cuyas obras se palpa la nostalgia por la patria, pero también una forma de crítica comprometida. **Rosa Chacel** (1898-1994) se exilió en 1937 y su obra fue más reconocida tras la transición democrática. Aunque escribe en el contexto de posguerra, no hace crítica social, como muchos otros escritores de la época. En cambio, el exilio tuvo un gran impacto en la obra de **Francisco Ayala** (1906-2009), cuyas novelas emanan añoranza y desarraigo. En *Muertes de perro* (1958), critica en forma de burla las dictaduras de Hispanoamérica. **Ramón J. Sender** (1902-1982) destaca por *Crónica del alba* (1942-1966), seis novelas en las que intenta narrar lo sucedido durante la Guerra Civil a través de un tono de denuncia. **Max Aub** (1903-1972) hace algo similar en *El laberinto mágico* (1943-1968), también formado por seis novelas en las que narra la Guerra Civil desde múltiples perspectivas y con gran diversidad de registros.

Muchos de los novelistas de posguerra quisieron reflejar la miseria y la dura realidad de la sociedad española. Esta circunstancia dio origen al realismo social, un estilo comprometido que busca describir y transformar la realidad por medio de la crítica. En algunos casos, ese realismo se vio intensificado en el llamado «tremendismo», lenguaje en el que se narran historias de violencia ambientadas en escenarios deprimentes con personajes miserables. **Camilo José Cela** (1916-2002), Premio Nobel en 1989, es uno de sus principales exponentes con obras como *La familia de Pascual Duarte* (1942). En *La colmena* (1951) describe el día a día de la sociedad madrileña de posguerra al mostrar y denunciar las injusticias y la pobreza. Marca el inicio de una forma de realismo social más crítica. La obra estuvo censurada en España hasta el año 1963. **Miguel Delibes** (1920-2010), ganador del Premio Cervantes en 1993, denuncia en sus obras las injusticias, pero se centra en narrar la vida sencilla en los pueblos españoles, con minuciosas descripciones y personajes llenos de matices. Destacan *El camino* (1950), *Las ratas* (1962) y *Los santos inocentes* (1981). También experimenta con la psicología de los personajes en obras como *Cinco horas con Mario* (1966), planteada como un monólogo interior en el que la protagonista vela a su marido y le recrimina su liberalismo. **Carmen Laforet** (1921-2004) ganó el Premio Nadal siendo muy joven con la novela *Nada* (1945). Con una prosa enmarcada en el realismo existencial, Laforet presenta una Barcelona de posguerra a través de una joven y aborda temas como la soledad y la desilusión.

La narrativa de las décadas de 1960 y 1970 se renueva, pues la censura se relaja y los escritores se ven influenciados por el *boom* hispanoamericano, así como por otros autores europeos. La novela experimental es más introspectiva que la realista y se caracteriza por introducir cualquier innovación que se oponga a la tradición literaria, como supuso la ruptura de la narrativa lineal o la introducción de distintos puntos de vista. **José Luis Sampedro** (1917-2013), novelista y ensayista de corte existencialista, se hizo muy célebre con *La sonrisa etrusca* (1985). **Luis Martín-Santos** (1924-1964) escribió la innovadora novela *Tiempo de silencio* (1962). En ella realiza una crítica de la España de posguerra haciendo uso del monólogo interior y del perspectivismo, así como inspirándose en autores como Faulkner o Joyce. **Carmen Martín Gaite** (1925-2000), ganadora del Premio Nacional de Literatura con *El cuarto de atrás* (1978), escribe novelas de realismo social, como *Entre visillos* (1957); experimentales, como *Retahílas* (1974); e intimistas, como *Caperucita en Manhattan* (1990). Aunque nunca se consideró feminista, siempre transmitió y defendió sus valores. **Ana María Matute** (1925-2014) abordó en sus cuentos y novelas las consecuencias de la guerra, como en *Los hijos muertos* (1958). También escribió numerosos relatos en los que la infancia y la pobreza están muy presentes. En sus últimas novelas, experimentó con la literatura fantástica. Es el caso de *Olvidado rey Gudú* (1996) y *Aranmanoth* (2000). **Rafael Sánchez Ferlosio** (1927-2019) escribe *El Jarama* (1956), en el que relata un domingo cualquiera de posguerra de un grupo de jóvenes a la orilla del río del mismo nombre. **Juan Goytisolo** (1931-2017) mezcla en sus obras géneros y registros, modifica algunas convenciones ortográficas, rompe la linealidad narrativa e incluso suprime al narrador. Cabe mencionar entre sus obras *Señas de identidad* (1966) y *Juan sin tierra* (1975). **Francisco Umbral** (1932-2017) destaca por su prosa casi poética y un estilo experimental vanguardista. Por su parte, **Juan Marsé** (1933-2020) fue uno de los pocos escritores autodidactas de su generación que se mantuvo alejado de la vida burguesa. En *Últimas tardes con Teresa* (1966), aborda la Barcelona de posguerra, poniendo énfasis en las diferencias de clase de los personajes. Destacan, además, *Si te dicen que caí* (1973) y *El embrujo de Shangai* (1993).

Será a partir de 1975 cuando los narradores dejen de lado la experimentación, para volver a la narrativa tradicional. Proliferan géneros narrativos como la novela negra, la novela reportaje o las autobiografías. Tras años de dictadura, España se abre a Europa y los artistas ejercen sin tapujos la libertad de expresión. Los escritores de la década de 1980 y 1990 no dejan de lado la vanguardia y la experimentación, y predomina un nuevo realismo crítico, pero a su vez desde un punto de vista intimista e introspectivo. Los narradores de finales de la década de 1990 y de 2000 son voces comprometidas con su historia y ponen de nuevo de relieve la novela existencial. Cabe señalar la aparición de un gran número de mujeres escritoras, lo cual simboliza el gran cambio que la sociedad española ha estado viviendo durante los últimos veinte años. **Eduardo Mendoza** (1943) escribe *La verdad sobre el caso Savolta* (1975), una novela de intriga ambientada en la Barcelona de principios del siglo xx que, para muchos, marca el inicio de la novela posmoderna en España. También escribe *El misterio de la cripta embrujada* (1978), *La ciudad de los prodigios* (1986) o la célebre novela satírica *Sin noticias de Gurb* (1991). **Juan José Millás** (1946) es otro novelista destacado, experto en profundizar en la psicología de sus personajes, como ocurre en *El desorden de tu nombre* (1987). Algunos novelistas de esta época, como **José M.ª Merino** (1941), **Luis Mateo Díez** (1942) o **Cristina Fernández Cubas** (1945), destacan también por la redacción de cuentos. En el caso de esta última, sus cuentos exploran realidades inmersas en atmósferas fantásticas, como ocurre en *Mi hermana Elba y Los altillos de Brumal* (1980).

Hay una cantidad considerable de autores célebres nacidos en torno a la década de 1950: **Carmen Riera** (1948), escritora en lengua catalana y castellana; **Luis Landero** (1948), autor de *Juegos de la edad tardía* (1989); **Rosa Montero** (1951), también conocida por su labor periodística; **Bernardo Atxaga** (1951), escritor tanto en lengua vasca como en castellano y autor de *Obabakoak* (1988); **Javier Marías** (1951-2022), que presenta novelas en las que la intriga, la búsqueda de la verdad y la reflexión están presentes, como en *Mañana en la batalla piensa en mí* (1994); **Julia Navarro** (1953) dice que sus novelas no son novelas históricas, sino obras muy documentadas en las que no quiere narrar hechos históricos —suyos son títulos como *La biblia de barro* (2005) o *La sangre de los inocentes* (2007)—; **Dulce Chacón** (1954-2002) imprime en sus obras, como *La voz dormida* (2002), una gran carga emocional; **Javier Moro** (1955) es un reconocido autor de novelas históricas, como *Pasión india* (2005); **Julio Llamazares** (1955) es conocido por sus libros de viajes y obras como *Luna de lobos* (1985); **Antonio Muñoz Molina** (1956) recompone la historia reciente de España y da voz a los olvidados —*Beltenebros* (1987) y *Plenilunio* (1991) son dos de sus obras más célebres, mientras que *Volver a dónde* (2021) nace de su experiencia personal durante el confinamiento de 2020—; **Almudena Grandes** (1960-2021) escribe, desde un punto de vista existencial e introspectivo, novelas comprometidas socialmente en las que se percibe el pasado tanto histórico como personal, relatos muy elaborados que cuentan con diversas acciones paralelas y en los que domina a la perfección la descripción, el diálogo y el monólogo interior —destacan *Malena es un nombre de tango* (1994), *Modelos de mujer* (1996), *El corazón helado* (2007) o su última novela, *La madre de Frankenstein* (2020).

Hay asimismo un grupo destacado de autores de novela nacidos en la década siguiente: **Javier Cercas** (1962), que recupera la memoria histórica más cercana en obras como *Soldados de Salamina* (2001); **Carlos Ruiz Zafón** (1964-2020), todo un fenómeno literario con obras como *Marina* (1999) o *La sombra del viento* (2001); **Lorenzo Silva** (1966), célebre por sus novelas policiacas, de quien cabe destacar la novela *El alquimista impaciente*, Premio Nadal en el año 2000.

De una generación posterior son **Pilar Adón** (1971), novelista y poeta, ganadora del Premio Nacional de Narrativa de 2023; **Ray Loriga** (1972), representante del «realismo sucio» con obras de gran impacto en la década de 1990, como *Héroes* (1993) o *Tokio ya no nos quiere* (1999); o **Sara Mesa** (1976) y **Elvira Navarro** (1978), dos narradoras que comienzan a consolidar su trayectoria en el mundo de la novela.

LA NOVELA EN LENGUA ESPAÑOLA (HISPANOAMÉRICA)

El realismo mágico y el llamado *boom* latinoamericano son las dos principales tendencias narrativas hispanoamericanas de la segunda mitad del siglo xx.

El realismo mágico (1940-1960) incluye lo fantástico, lo imaginario y lo mítico en la realidad cotidiana. Su mayor representante es **Gabriel García Márquez** (Colombia, 1927-2014) con su obra *Cien años de soledad* (1967), que cuenta la historia familiar de los Buendía en Macondo, todo un símbolo de esta corriente literaria. Hay otros escritores cuya obra se asocia con el realismo mágico: **Miguel Ángel Asturias** (Guatemala, 1899-1974), Premio Nobel en 1967, destaca por su gran obra maestra *El señor presidente* (1946), ambientada de forma caricaturesca durante la dictadura de Jorge Ubico; **Alejo Carpentier** (Cuba, 1904-1980), en cuyas novelas habla de arquetipos universales más que de personajes individuales; **Adolfo Bioy Casares** (Argentina, 1914-1999), autor de *El sueño de los héroes* (1954); y **Juan Rulfo** (México, 1917-1986), artífice de *Llano en llamas* (1953) y la novela *Pedro Páramo* (1955), llena de saltos en el tiempo y diversos elementos fantásticos, una historia ambientada en la mítica ciudad de Colama. **Juan Carlos Onetti** (Uruguay, 1909-1994) no pertenece por su particular estilo al realismo mágico, pero suele considerarse precursor del *boom* latinoamericano. Es un escritor de culto cuya narrativa trata temas existencialistas, como la soledad o la fragilidad humana. Sus personajes están desesperados y viven de sueños que nunca alcanzarán. *Una tumba sin nombre* (1959), entre otras muchas novelas suyas, se ambientan en la ciudad ficticia de Santa María, un lugar sin esperanza.

El *boom* latinoamericano (1960-1975) nace tras el éxito y consolidación del realismo mágico en todo el mundo. En su nómina se incluyen algunos de los autores ya mencionados en el realismo mágico, como Gabriel García Márquez o Juan Rulfo. Sus principales representantes son **Ernesto Sábato** (Argentina, 1911-2011), con obras cargadas de simbolismo, de temática existencialista y muy introspectivas —destacan *El túnel* (1948) y *Sobre héroes y tumbas* (1961)—; **Julio Cortázar** (Argentina, 1914-1984) sobresale por su estilo novedoso e incluso experimental, por la libertad estructural y el uso de la ironía —cabe mencionar sus cuentos y la novela *Rayuela* (1963), una de sus obras más célebres y que puede leerse de diversas formas—; **Guillermo Cabrera Infante** (1929-2005), con *Tres tristes tigres* (1967); **Carlos Fuentes** (México, 1928-2012) explora la historia de México en *Terra nostra* (1975), en la que se remonta a la época de la conquista española de México y crea una verdadera epopeya en la que fusiona mito y realidad; **Mario Vargas Llosa** (Perú, 1936) es un escritor muy versátil que escribe tanto obras de entretenimiento como de crítica social —incluye temas como el poder y la opresión en *La ciudad y los perros* (1963), pero también tiene en su haber novelas lúdicas, como *Pantaleón y las visitadoras* (1973), o policiacas, como *Lituma en los Andes* (1993)—; **Eduardo Galeano** (Uruguay, 1940-2015), periodista y escritor, destaca con su prosa poética —buen ejemplo de ella es *El libro de los abrazos* (1989), en que ilustra y narra de forma magistral cientos de relatos breves sobre diversos temas—; **Cristina Peri** (Uruguay, 1941), novelista, poeta y ensayista, es la única mujer escritora reconocida de esta generación.

Son muchos los escritores célebres del *posboom* literario: **Alfredo Bryce Echenique** (Perú, 1939), **Antonio Skármeta** (Chile, 1940-2024) o **Gioconda Belli** (Nicaragua, 1948), con una narrativa comprometida políticamente en la que a su vez afloran la sensualidad y la espiritualidad, como demuestra en *La mujer habitada* (1988). **Isabel Allende** (Perú, 1942) es una escritora de fama mundial cuyas obras se han traducido a más de cuarenta lenguas.

Alterna elementos de realismo mágico con memoria personal y familiar. Entre sus obras destacan: *La casa de los espíritus* (1982), *De amor y de sombra* (1984), *Paula* (1994), dedicada a su hija trágicamente fallecida, o *La ciudad de las bestias* (2002). **Jorge Bucay** (Argentina, 1944) es célebre por obras como *Déjame que te cuente* (2002) o *Cuentos para pensar* (1999), libros de autoayuda, motivacionales, en los que aboga por el bienestar emocional. **Paulo Coelho** (Brasil, 1947),

Ernesto Sábato y Mario Vargas Llosa (1981).

también destaca por sus obras de tono espiritual, de autodescubrimiento y desarrollo personal, como el gran éxito en ventas *El alquimista* (1988).

De una generación posterior es el cubano **Carlos Somoza** (1959), cuyas originales novelas combinan intriga, tensión de tipo psicológica e incluso trama histórica.

En la actualidad, son muchos los escritores nacidos en las décadas de 1970 y 1980 que tienen gran proyección literaria: **Claudia Amengual** (Uruguay, 1969); **Juan Gabriel Vásquez** (Colombia, 1973); **Samanta Schweblin** (Argentina, 1978); **Rodrigo Blanco Calderón** (Venezuela, 1981); y **Valeria Luiselli** (México, 1983), entre otros.

LA NOVELA EN LENGUA CATALANA

Josep Pla (1897-1981) es el gran prosista de la literatura catalana, aunque su obra narrativa es menor que sus crónicas periodísticas. En sus novelas, entre las que destaca *El carrer estret* (1951), describe de forma realista a la sociedad catalana del momento. **Mercè Rodoreda** (1908-1983) escribe *La plaça del Diamant* (1962) y *Mirall trencat* (1974), en las que introduce temas como la condición de las mujeres, la libertad y la opresión, o el paso del tiempo; **Llorenç Villalonga** (1897-1980), escritor de cierto refinamiento aristocrático, sobresale por las novelas *Mort de dama* (1931) y *La sala de les nines* (1956). **Pere Calders** (1912-1994) se considera el maestro del cuento de la literatura catalana. **Manuel de Pedrolo** (1918-1990) escribió prosa, poesía y teatro, además de experimentar con casi todos los géneros novelísticos. Su novela más popular es *El mecanoscrit del segon origen* (1973). Algunos de los novelistas de más actualidad son **Quim Monzó** (1952), **Núria Prades** (1954),

Albert Sánchez Piñol (1956), **Jordi Puntí** (1967) o **Carlota Gurt** (1976).

LA NOVELA EN LENGUA PORTUGUESA

Durante la década de 1940 triunfó el neorrealismo en el país luso y no fue hasta la siguiente década cuando se promovió la experimentación.

José Saramago (1922-2010), galardonado con el Premio Nobel en 1998, es una de las figuras esenciales de la literatura portuguesa del siglo xx. En sus obras examina la realidad social y reflexiona sobre la misión de los seres humanos en la sociedad. Una de las más célebres es *Ensayo sobre la ceguera* (1995).

Maria Velho da Costa (1938-2020) es considerada una de las mejores novelistas contemporáneas de Portugal. **António Lobo Antunes** (1942) es una figura clave de la narrativa portuguesa, con obras tan célebres como *El archipiélago del insomnio* (2010). Cabe mencionar a **José Jorge Letria** (1951), destacado periodista, poeta, dramaturgo y novelista. Por su parte, **Gonçalo M. Tavares** (1970) es uno de los escritores en lengua portuguesa más traducidos de los últimos años. Y **José Luís Peixoto** (1974), una de las últimas voces narrativas más aplaudidas del panorama literario portugués.

LA NOVELA EN LENGUA FRANCESA

El *nouveau roman* fue un movimiento de renovación narrativa originado en la década de 1950. Esta corriente rompe con las normas tradicionales de la literatura, como la narración lineal, el argumento o la caracterización definida de los personajes. Destacan **Nathalie Sarraute** (1900-1999), que escribe novelas que requieren una lectura muy atenta, ya que explora la conciencia de sus personajes a través del «tropismo», concepto que alude a la reacción inconsciente de la mente a ciertos estímulos; **Claude Simon** (1913-2005), Premio Nobel en 1985, con obras como *El camino de Flandes* (1960); **Alain Robbe-Grillet** (1922-2008), cuyas obras se caracterizan por la objetividad de la narración y por sus descripciones minuciosas, como en *Voyeur* (1955); **Michael Butor** (1926-2016), que trata de dar más importancia a la forma que al contenido de sus obras, lo que explica que modifique la estructura o utilice un lenguaje lírico que el lector debe desentrañar participando activamente en la novela, como en *Mobile* (1962).

Escritores ya consagrados de generaciones posteriores son **Annie Ernaux** (1940), ganadora del Premio Nobel en 2022, que en sus novelas recupera de forma innovadora su propia historia personal, lo que da como resultado obras de ficción que ella misma califica de «autobiográficas»; **Michel Houellebecq** (Reunión, 1958), que consiguió la fama mundial con su novela *Las partículas elementales* (1998), en la que fusiona realidad y elementos de ciencia ficción; **Delphine de Vigan** (1966), con su narrativa reflexiva y psicológica; o **Laurent Binet** (1972), con obras que alternan la ficción con la investigación de tipo histórico.

LA NOVELA EN LENGUA ALEMANA

Herman Hesse (1877-1962), autor germano-suizo y ganador del Premio Nobel en 1946, aborda la introspección en novelas como *Siddhartha* (1922) y *El lobo estepario* (1927). En esta última incorpora ciertos rasgos fantásticos a los elementos autobiográficos de la obra. **Erich Maria Remarque** (1898-1970) se hizo célebre tras la adaptación cinematográfica de su novela *Sin novedad en el frente* (1929), una obra que narra los horrores de la guerra. **Günter Grass** (1927-2015), galardonado con el Premio Nobel en 1999, obtuvo renombre al publicar *El tambor de hojalata* (1959), con lo que se convirtió en uno de los narradores en lengua alemana más conocidos. En sus obras incide en las consecuencias del pasado en el presente, como en *A paso de cangrejo* (2002). **Stefanie Zweig** (1932-2014), escritora alemana, en cuyas obras se centra en la vida de los judíos durante y después de la Segunda Guerra Mundial. En novelas como *En un lugar de África,* rememora sus años en Kenia tras escapar de la Alemani nazi. La austriaca **Elfriede Jelinek** (1946), novelista y dramaturga ganadora del Premio Nobel en 2004, aborda de forma crítica la temática de los roles de género. Destaca su novela *La pianista* (1983).

La rumana, afincada en Alemania, **Herta Müller** (1953), Premio Nobel del año 2009, explora en obras como *Todo lo que tengo lo llevo conmigo* (2009) la vida en Rumanía en época de la dictadura de Ceauşescu. Uno de los escritores más famosos de los últimos años es **Sebastian David Fitzek** (1971), que ha llegado a vender más de doce millones de ejemplares en todo el mundo. Se dice que escribe un género de «suspense psicológico», en el que no se da prioridad a la acción, sino a las emociones más negativas del protagonista, como la ansiedad o el miedo.

Dos de los escritores en lengua alemana más traducidos en la actualidad y que han recibido diversos galardones de literatura son **Juli Zeh** (1974) y **Daniel Kehlmann** (1975), autor este último de *La medición del mundo* (2005), su obra más célebre a nivel mundial.

LA NOVELA EN LENGUA ITALIANA

En Italia, tras la Segunda Guerra Mundial dos son las tendencias literarias más destacadas: el neorrealismo, descripción de situaciones cotidianas de las clases más humildes; y la neovanguardia, movimiento que experimenta con el lenguaje a fin de renovar la literatura italiana.

Cabe citar a **Giuseppe Tomasi di Lampedusa** (1896-1957), autor de una única novela que se considera un clásico de la literatura, *El gatopardo* (1954), en la que retrata a la sociedad italiana de finales del siglo XIX. **Alberto Moravia** (1907-1990) realiza una dura crítica social del periodo de entreguerras y de la Segunda Guerra Mundial, pero también analiza en profundidad la psicología de sus personajes, lo que en gran medida explica la elección de algunos de sus títulos: *Los indiferentes* (1929) o *El conformista* (1951). El piamontés **Cesare Pavese** (1908-1950) abordó temas tan diversos como la oposición entre el campo y la ciudad o la posguerra italiana. Destaca *El camarada* (1947) y *La luna y las hogueras* (1950). **Dino Buzzati** (1906-1972) exploró temas existenciales con un lenguaje altamente simbólico. En *El desierto de los tártaros* (1940), las influencias de Kafka son muy palpables. **Elsa Morante** (1912-1985) es autora de novelas emotivas, comprometidas socialmente, como es el caso de la que más valoran los expertos: *La historia* (1974). **Primo Levi** (1919-1987) narra en primera persona el sufrimiento vivido en un campo de concentración en *Si esto es un hombre* (1947). *La tregua* (1963) y *Los hundidos y los salvados* (1986) completan la trilogía de Auschwitz. **Italo Calvino** (1923-1985) comenzó su carrera literaria desde el neorrealismo con obras ambientadas en la Segunda Guerra Mundial, como *El sendero de los* *niños de araña* (1947), para experimentar después con el neovanguardismo en *Las cosmicómicas* (1965) y con la fantasía en *El barón rampante* (1957). **Andrea Camilleri** (1925-2019), director de cine, guionista y novelista, se hizo muy célebre por la serie de novelas policiacas del comisario Montalbano —su último libro se publicó póstumamente en 2022, *La conciencia de Montalbano*—. Sus obras retratan de forma crítica e incluso burlesca a la sociedad siciliana. El neovanguardista **Umberto Eco** (1932-2016) se hizo muy conocido a partir de la publicación de *El nombre de la rosa* (1980), novela de misterio ambientada en una abadía de la Italia medieval. *El péndulo de Foucault* (1988) llamó la atención de la crítica en su momento por su narrativa compleja, en la que fusiona numerología, filosofía, historia e incluso semiótica (el estudio de los signos) para que el lector consiga desentrañar «el plan» de las teorías conspirativas que investigan los personajes. **Roberto Calasso** (1941-2021) destaca como ensayista y novelista con obras como *Las bodas de Cadmo y Harmonía* (1990), una fábula mitológica.

Otros narradores italianos de amplia trayectoria literaria son **Antonio Tabucchi** (1943-2012), **Elena Ferrante** (1943), **Alessandro Baricco** (1956), muy célebre tras la publicación de *Seda* (1996), o **Roberto Saviano** (1979), que ha obtenido gran reconocimiento con *Gomorra* (2006), una novela sobre la camorra italiana y que ha sido adaptada con éxito al cine y televisión.

LA NOVELA EN LENGUA CHECA

Destaca **Milan Kundera** (1929-2023), con *La insoportable levedad del ser* (1984), obra en la que aborda temas existenciales como la identidad, las relaciones personales o el deseo.

LA NOVELA RUSA

En 1932, un decreto de la Unión Soviética fijaba el estilo literario como «realismo socialista» y este debía someterse al servicio de la revolución. Su mayor representante fue **Máximo Gorki** (1868-1936), autor de la obra *La madre* (1907). Destacó también **Borís Pasternak** (1890-1960) con *Doctor Zhivago* (1957), obra que no se publicó en la Unión Soviética hasta el año 1988 por la presencia de ciertos pasajes considerados antirrevolucionarios. **Vladimir Nabokov** (1899-1977) emigró a Estados Unidos, lo que explica que explore el tema del exilio en sus obras. La novela *Lolita* (1955) fue muy polémica, ya que en ella aborda la atracción y obsesión de un hombre adulto por una niña.

En el panorama literario contemporáneo destacan diversos autores: **Víktor Pelevin** (1962), enigmático autor de novelas, relatos, cuentos y ensayos de corte posmodernista que incluye en sus creaciones elementos de ciencia ficción; **Eugene Vodolazkain** (Kiev, 1964), original narrador que combina la temática histórica con la existencial, lo filosófico e incluso lo metafísico; **Alekséi Ivanov** (1969), uno de los escritores rusos con mayor proyección internacional que explora en sus novelas el pasado histórico ruso, las personas y las tradiciones de forma muy detallada; **Zakhar Prilepin** (1975), novelista de tendencia realista y existencialista que escribe obras de temática política, social y conflictos ideológicos; y **Guzel Yájina** (1977), que recupera la memoria histórica rusa mediante un lenguaje muy poético y una narrativa introspectiva —en *Un tren a Samarcanda* (2021) rememora la hambruna de 1923.

LA NOVELA TURCA

Destaca **Orhan Pamuk** (1952), galardonado con el Premio Nobel en 2006. En sus obras aborda distintos temas, como las diferencias entre Oriente y Occidente, la evolución del país o incluso algunos episodios históricos, como sucede en *Me llamo rojo* (1998), novela ambientada en el Imperio otomano del siglo XVI.

LA NOVELA EN LENGUA HEBREA

Cabe destacar al autor israelí **Amos Oz** (1939-2018), cuyas novelas han sido traducidas a más de cuarenta lenguas. En sus obras, algunas de ellas ensayos, trata temas de actualidad, como las tensiones políticas y religiosas de Israel. Cabe citar *Una historia de amor y oscuridad* (2002).

LA NOVELA ASIÁTICA

En China, destaca **Mo Yan** (1955), galardonado con el Premio Nobel en 2012. Escribe novelas en las que denuncia las injusticias sociales, como *La balada del ajo* (1988), o novelas históricas, como *Sorgo rojo* (1986), ambientada en la segunda guerra sinojaponesa (1937-1945). **Yu Hua** (1960) se considera uno de los autores chinos más célebres, con novelas como *¡Vivir!* (1993). **Liu Cixin** (1962) es pionero de la novela de ciencia ficción en su país. En los últimos años, **Han Han** (1982), cantante y escritor, ha logrado fama mundial y ha conseguido atraer a un público lector joven.

En Japón, **Kenzaburo Oé** (1935-2023), ganador del Premio Nobel en 1994, ha sido todo un símbolo de su generación por tratar temas universales como la guerra, en concreto, la posguerra en su país, la familia o la existencia. **Haruki Murakami** (1949) es uno de los escritores japoneses de mayor fama mundial. Destaca *Tokio blues (Norwegian Wood)* (1987) y *Kafka en la orilla* (2002). En sus novelas integra características realistas con elementos surrealistas y lo cotidiano con la introspección, creando un universo literario único al que añade cierta simbología y referencias musicales.

En Corea del Sur, **Han Kang** (1970) ha sido la ganadora del Premio Nobel en 2024. Su obra más célebre es *La vegetariana* (2007).

LA NOVELA EN ÁFRICA

El nacimiento de la novela en África tiene lugar en la época colonial, por lo que los temas más habituales a lo largo del siglo xx fueron la resistencia a los colonizadores, la posterior independencia, la creación de nuevas naciones y el afianzamiento de su identidad. En la actualidad, también se tratan otros temas, como las desigualdades o la migración.

Entre los novelistas que exploran la temática colonialista están **Chinua Achebe** (Nigeria, 1930-2013) y **Ngũgũ wa Thiong'o** (Kenia, 1938). También hay escritores que abordan la temática independentista, haciendo énfasis en las desigualdades y la corrupción: **Ayi Kwei Armah** (Ghana, 1939) y **Nuruddin Farah** (Somalia, 1945). **Buchi Emecheta** (Nigeria, 1944-2017) y **Chimamanda Ngozi Adichie** (Nigeria, 1977) escriben sobre feminismo, esta última, también sobre los conflictos bélicos en su país. Sobre la migración, una figura destacada es **Abdulrazak Gurnah** (Tanzania, 1948), Premio Nobel en 2021. Y sobre identidad sexual, aceptación y libertad, hay que citar a **Abdellah Taïa** (Marruecos, 1973).

En Egipto, **Naguib Mahfuz** (1911-2006), ganador del Premio Nobel en 1988, destaca con la *Trilogía de El Cairo* (1957), en la que narra la vida de tres generaciones en la capital egipcia durante la primera mitad del siglo xx. Una de sus novelas más célebres a nivel mundial es *El callejón de los milagros* (1947). **Nawal El Saadawi** (1931-2021), médica, novelista y feminista incansable, dedicó sus obras a la defensa de los derechos de las mujeres árabes.

En Sudáfrica, **Nadine Gordimer** (1923-2014), Premio Nobel en 1991, ha sido una de las escritoras más comprometidas tanto social como políticamente. En sus obras trata la compleja realidad de Sudáfrica con el *apartheid*.

LA NOVELA GRÁFICA

Aunque en el siglo XIX ya hay antecedentes de narrativa gráfica, la novela gráfica como tal nace en el siglo XX. En ella, se alternan las características literarias propias de una novela con elementos visuales. Aunque se asemeja al cómic, la ambientación, la trama y los personajes son más complejos. Entre las novelas gráficas más prestigiosas se encuentran las siguientes: *Maus*, de **Art Spiegelman** (1948), en la que el autor narra historias de supervivientes al holocausto nazi; y *Persépolis*, de **Marjane Satrapi** (1969), una historia autobiográfica en el Irán de la Revolución islámica de 1979.

En la actualidad, uno de los novelistas gráficos más célebres a escala mundial es **Alan Moore** (1953), algunas de cuyas obras se han adaptado con gran éxito al cine, entre otras, *Watchmen* o *V de Vendetta*.

TEATRO

A comienzos de siglo, los dramaturgos buscan renovar las formas teatrales y alejarse así del teatro naturalista y del realismo psicológico. Buscan transformar la realidad o incluso evadirse de ella. Lo hacen a través del teatro vanguardista.

Tras las guerras mundiales, un sentimiento de malestar lo invade todo; la angustia y el desengaño hacen que surja el teatro existencialista y el del absurdo.

A mediados de siglo los *angry young men* («jóvenes airados») británicos pretenden superar el conformismo de la sociedad. Lo hacen a través de un teatro de denuncia y crítica hacia la estructura de poder y los valores tradicionales.

A partir de la década de 1970 triunfa el teatro experimental, que pretende modificar las normas clásicas del género teatral revolucionándolo por completo. Muchas de estas transformaciones marcan el inicio del teatro contemporáneo.

En la actualidad, el teatro se concibe como un espectáculo total que se caracteriza por la diversidad de estilos, de técnicas y de ideologías, y que requiere la participación y coordinación de una gran variedad de artes y diciplinas.

TEATRO VANGUARDISTA (PRIMERAS DÉCADAS DEL SIGLO XX)

El teatro vanguardista renueva el panorama teatral y supone una ruptura con el realismo imperante. **Luigi Pirandello** (Italia, 1867-1936) eligió el drama para poder explorar temáticas existenciales. Su principal aportación fue mezclar distintos niveles de realidad. Por ejemplo, en *Seis personajes en busca de autor* (1921) cristaliza una forma de «teatro en teatro»: plantea un ensayo teatral e involucra al público en la historia. Se considera a **Alfred Jarry** (Francia, 1873-1907) uno de los precursores del teatro vanguardista y «de lo grotesco». Es reconocido, sobre todo, por la obra *Ubú rey* (1896), una comedia que en su momento fue un escándalo por lo absurdo, lo provocador y la mordaz crítica al poder. **Antonin Artaud** (Francia, 1896-1948) da origen al «teatro de la crueldad». En su opinión, el teatro tradicional «adormece la conciencia». Para evitarlo, recurre a escenas violentas y remueve al espectador integrando texto, música, danza, iluminación y maquillaje en un espectáculo total.

En España, **Ramón M.ª del Valle Inclán** (1866-1936) experimenta y deforma la realidad, mezcla el humor grotesco con la tragedia y degrada a los personajes hasta el límite —lo que él llama «esperpento»— en obras como *Luces de bohemia* (1920) y *Divinas palabras* (1920). **Federico García Lorca** (1898-1936), magistral poeta y dramaturgo, rompió las normas establecidas al abordar temas tabúes para la sociedad española del momento. Escribió teatro vanguardista, de crítica social y existencial, abordó temas universales como el amor, el deseo, la libertad o la muerte. Además, llevó obras clásicas a los pueblos de España con la compañía teatral universitaria La Barraca. Entre sus obras destacan: *Mariana Pineda* (1927), *Bodas de sangre* (1933), *Yerma* (1934) o *La casa de Bernarda Alba* (1936), en la que denuncia la represión social de las mujeres en la época. En Cataluña, **Josep Maria de Sagarra** (1894-1961) dramaturgo, poeta, novelista y articulista, renovó la dramaturgia catalana con la aportación al panorama teatral del llamado «poema dramático» y de la comedia en verso. Una de sus principales obras es *El café de la Marina* (1933).

En Hispanoamérica, cabe citar a los argentinos **Griselda Gambaro** (1928) y **Osvaldo Dragún** (1929-1999), así como al chileno **Alejandro Jodorowsky** (1929), escritor, cineasta y guionista de cómics, creador también de la «psicomagia», técnica terapéutica que aúna el teatro y el psicoanálisis con la lectura del tarot.

EL TEATRO DE BERTOLT BRECHT

Bertolt Brecht (Alemania, 1898-1956) es el creador del teatro épico o narrativo. Una forma de dramaturgia que pretende hacer olvidar al espectador que está ante una obra dramática para que reflexione sobre la historia que narra. Se trata también de una forma de teatro de crítica social, ya que pretende despertar la conciencia de un pueblo, como ocurre en *Terror y miseria del Tercer Reich* (1938).

TEATRO EXISTENCIALISTA

El teatro existencialista surge en Europa durante la ocupación nazi y la posguerra como resultado de los acontecimientos vividos durante aquellos fatídicos años. **Jean-Paul Sartre** (Francia, 1905-1980), filósofo, novelista y dramaturgo, aborda temas universales como la angustia, el desengaño y la libertad. Destacan obras como *A puerta cerrada* (1944), de un solo acto, en la que tres personajes descubren que se encuentran en su propio infierno y deben reflexionar sobre sus actos. **Albert Camus** (Francia, 1913-1960) fue el fundador del Teatro del Trabajo, una compañía teatral formada por jóvenes intelectuales que llevaban obras a las clases obreras. Su teatro representa lo absurdo del ser humano, motivo por el que precisamente se conoce como «teatro del absurdo»; *Calígula* es una de sus obras más representativas. El teatro de **Jean Genet** (Francia, 1910-1986) presenta influencias de Antonin Artaud al abordar temas transgresores, violentos o sórdidos. Destaca *Las criadas* (1947), obra en la que dos criadas planean asesinar a su señora.

En Hispanoamérica, cabe mencionar a dramaturgos como el también poeta **César Vallejo** (Perú, 1892-1938) o **Luisa Josefina Hernández** (México, 1928-2003), que escribió más de cincuenta obras teatrales en las que, con ironía y humor, trata temas como el papel de la mujer en la sociedad mexicana y otros de tipo existencial.

TEATRO DEL ABSURDO

Samuel Beckett (Irlanda, 1906-1989), galardonado con el Premio Nobel en 1969, escribe una de las obras maestras del teatro del absurdo: *Esperando a Godot* (1953). En ella trata temas como el sentido de la existencia, la falta de esperanza o la incomunicación. **Eugène Ionesco** (Rumanía, 1909-1994) es una figura clave del teatro del absurdo. Elimina el lenguaje convencional para presentar diálogos en los que la lengua no es el elemento primordial y da preferencia a sonidos o palabras sueltas. En *La cantante calva* (1950) las conversaciones se hacen incomprensibles; es su manera de criticar la incomunicación.

En España, autores como **Enrique Jardiel Poncela** (1901-1952) y **Miguel Mihura** (1905-1977) alternan el humor intelectual con elementos propios del teatro del absurdo.

Arthur Miller y su mujer, Marilyn Monroe, en París (1957).

En Hispanoamérica destaca el cubano **Virgilio Piñera** (1912-1979).

TEATRO CRÍTICO

Los *angry young men*, aludidos más arriba, jugaron un papel importante en el desarrollo del teatro crítico británico de mitad de siglo. La obra *Mirando hacia atrás con ira* (1956), de **John Osborne** (1929-1994), y, en concreto, el comportamiento de su protagonista, constituía una clara alusión a este grupo de dramaturgos, que retrataban la dura vida de la clase obrera y criticaban a la tradicional sociedad británica. **Arnold Wesker** (1932-2016), **Tom Stoppard** (1937) y **Harold Pinter** (1930-2008), Premio Nobel del año 2005, son algunos de sus mejores representantes. Este último se considera uno de los dramaturgos británicos de mayor influencia en el panorama teatral.

En Estados Unidos, **Eugene O'Neill** (1888-1953) se considera el fundador del teatro moderno norteamericano. Partía de un realismo psicológico, al que fue añadiendo elementos simbólicos. **Tennessee Williams** (1911-1983) fue un célebre dramaturgo que obtuvo fama mundial con obras como *Un tranvía llamado deseo* (1947) o *La gata sobre el tejado de zinc* (1959). En sus obras, la falta de comunicación y la complejidad de las relaciones de los personajes revelan protagonistas frágiles. **Arthur Miller** (1915-2005) cuestionó en sus obras el sueño americano y fue muy crítico con la sociedad estadounidense. *Muerte de un viajante* (1949) cuenta la historia de un comercial de mediana edad al que despiden, mientras que en *Las brujas de Salem* (1953) usa un juicio a un grupo de brujas ambientado en 1692 como metáfora de la intolerancia y de la persecución que sufrieron los comunistas en época del senador Joseph McCarthy (1908-1957).

Antonio Buero Vallejo (1916-2000), con *Historia de una escalera* (1949), y **Alfonso Sastre** (1926-2021), con *Escuadra hacia la muerte* (1953), reflejaron la realidad de la sociedad española frente al teatro «de la apariencia», el que imperaba en aquella época. Estos autores también escribieron obras de temática existencial.

TEATRO EXPERIMENTAL

El teatro experimental de la década de 1970 renovó el género al introducir diversas innovaciones: el uso no convencional del escenario; la mezcla de distintas disciplinas como la danza, la música o la comunicación audiovisual; la participación del público; o el gusto por la improvisación (surge el *happening*, obra efímera basada en la improvisación y el contacto con el público). Destaca **Jerzy Grotowski** (Polonia, 1933-1999), que, como Stanislavski, llevó a cabo estudios teóricos sobre el proceso de la actuación y sobre los procesos mentales y emocionales del actor al subirse a un escenario. Su concepto de «teatro pobre» se basa en la capacidad del actor de transmitir y conectar con el público.

TEATRO DE FINALES DEL SIGLO XX Y PRINCIPIOS DEL XXI

El teatro de los últimos años destaca por su diversidad, subjetividad y originalidad. Por un lado, continúa la estela del teatro experimental, pero, por otro, siguen en auge tendencias tradicionales, como el teatro de crítica social o el existencial, sobre temas universales, como la angustia, el miedo, la soledad, la vida y la muerte o el amor. Los dramaturgos también representan clásicos de siglos pasados adaptándolos a la escena actual.

En el teatro contemporáneo se incorpora la tecnología digital y surgen nuevos temas, como la identidad de género, el análisis de conflictos políticos recientes o el cambio climático. Uno de los dramaturgos más célebres fue el ganador del Premio Nobel en 1997, **Dario Fo** (Italia, 1926-2016), representante de un teatro crítico y comprometido. En sus obras fusiona tradición con elementos cómicos, casi absurdos. Destaca la obra *¡Aquí no paga nadie!* (1970), que adaptó a la sociedad italiana de 2011, treinta años después de su estreno.

El argentino **Jorge Lavelli** (1932-2023), nacionalizado francés en 1977, está considerado el mayor renovador del teatro galo de los últimos años.

Fernando Arrabal (España, 1933), novelista, poeta, dramaturgo, pintor y cineasta, es una figura clave del teatro absurdo y fundador del grupo teatral Pánico (que, a través del caos y el delirio, muestra una visión satírica y onírica de la vida) junto con el escritor Alejandro Jodorowsky (Chile, 1929) y el pintor francés Roland Topor. Vanguardia y provocación se fusionan en obras como *El cementerio de automóviles* (1978).

Presentamos a continuación a otros dramaturgos contemporáneos célebres: **Peter Handke** (Alemania, 1942), Premio Nobel en 2019 —*El juego de las preguntas* (1990)—; **Edward Albee** (Estados Unidos, 1928-2012) —*¿Quién teme a Virginia Wolf?* (1962)—; **Sam Shepard** (Estados Unidos, 1943-2017), también reconocido guionista de cine con títulos como *Magnolias de acero* o *El informe Pelícano*; **Jon Fosse** (Noruega, 1959), Premio Nobel en 2023, novelista, poeta y dramaturgo —*Yo soy el viento* (2021)—; **Yasmina Reza** (Francia, 1960), autora de teatro psicológico en el que incluye ciertas dosis de humor —*Un dios salvaje* (2008)—; **Lucy Kirkwood** (Inglaterra, 1983), escritora y guionista de famosas series de televisión que explora en sus obras las desigualdades sociales y también el cambio climático, como sucede en *Los hijos* (2016); y **Simon Stephens** (Inglaterra, 1971), célebre por sus adaptaciones teatrales de novelas como *El curioso incidente del perro a medianoche* (2003) o *Punk Rock* (2017).

TÓPICOS LITERARIOS

A lo largo de la historia, el ser humano siempre ha tenido presentes ciertos temas, motivos y conflictos comunes sobre los que ha querido reflexionar y escribir. Se trata de los llamados «tópicos literarios».

La mayoría de los tópicos de la literatura occidental se gestan en la cultura grecolatina, motivo por el que conservan su forma latina.

- ***Aurea mediocritas,* «dorada moderación».** Tópico que alaba la vida sencilla, alejada del poder, del lujo y de las apariencias.

- ***Beatus ille,* «feliz aquel».** Elogio de la vida retirada en el campo frente a la vida caótica de la ciudad.

- ***Carpe diem,* «disfruta del día».** Invitación a gozar del momento presente y de la vida.

- ***Captatio benevolentiae,* «captación de la benevolencia».** Con este tópico se alude a la intención del autor por captar la benevolencia y la atención del público.

- ***Collige, virgo, rosas,* «coge, virgen, las rosas».** Aprovecha, mujer, la juventud y la belleza antes de que desaparezcan. Se relaciona con otros tópicos, como el *carpe diem* y el *tempus fugit.*

- ***Contemptus mundi,* «menosprecio del mundo».** Tópico de origen bíblico.

Desprecio de la vida terrenal por ser una distracción para el ser humano y un valle de lágrimas.

- *DESCRIPTIO PUELLAE*, «descripción de la joven». Descripción física idealizada de una joven que se basa en enumerar gradualmente sus rasgos siguiendo el canon de belleza petrarquista (la mujer como símbolo de perfección).

- *FUGIT IRREPARABILE TEMPUS / TEMPUS FUGIT*, «el tiempo pasa irremediablemente / el tiempo huye». Tópico que evoca la fugacidad de la vida.

- *HOMO VIATOR*, «el hombre viajero». Considera la vida como un «camino» o «viaje de aprendizaje».

- *LOCUS AMOENUS*, «lugar agradable». Descripción de un paisaje idealizado, un vergel: pradera verde, arroyo cristalino, flores, árboles frutales y sombra que invita a descansar y a conversar.

- *MEMENTO MORI*, «recuerda que morirás». Tópico que advierte de que la vida es un camino hacia la muerte, por lo que se debe vivir de forma plena.

- *SECRETUM ITER*, «el camino secreto». La senda escondida, el camino correcto que pocos conocen y que conduce hacia una forma de vida adecuada y tranquila.

- *THEATRUM MUNDI*, «el teatro del mundo». Tópico que describe la vida como un espectáculo teatral en el que los seres humanos son personajes que representan un papel.

- *UBI SUNT*, «¿dónde están?». Tópico que reflexiona sobre grandes personalidades en vida, pero que ahora, ya fallecidas, han caído en el olvido. Se relaciona con el tópico *omnia mors aequat* («a todos iguala la muerte»).

• *VANITAS VANITATIS*, «vanidad de vanidades». Tópico que advierte sobre lo superficial, el egocentrismo y las apariencias en la vida terrenal.

VOCABULARIO

Amor cortés. En literatura medieval, concepción del amor que surgió en el sur de Francia en el marco de la poesía trovadoresca de los siglos XI y XII. En el amor cortés prima la idealización de la dama, objeto de devoción, servicio y respeto.

Caligrama. Poema visual en el que la distribución de las palabras crea una imagen asociada al contenido del texto.

Cancionero medieval. Antología de composiciones de poetas cortesanos del siglo XV que, además, suele contener las partituras musicales correspondientes, ya que solían ser recitadas o cantadas en festejos y celebraciones.

Cantar de gesta. Poema épico medieval en el que se narran hazañas de héroes. Los juglares recitaban estas composiciones para entretener al pueblo. Están escritos en verso, pero contienen todas las características propias de los textos narrativos.

Cantiga de amigo. Composición poética medieval de tipo trovadoresco en la que una voz femenina expresa el lamento por la ausencia del amado a su madre, hermanas o a la propia naturaleza.

Comedia. Género teatral con desenlace feliz, cuya intención final es entretener y divertir al público.

Costumbrismo literario. Estilo literario que describe detalladamente las costumbres, tradiciones y estilo de vida cotidiano de una época o región.

Distopía. Representación de una sociedad futura en la que el orden social o político no funciona bien, al contrario de lo que ocurre en la idealizada utopía.

Égloga. Composición lírica de tipo bucólico y pastoril, ambientada en una naturaleza idealizada. En ella se funden amor, naturaleza y mitología.

Elegía. Composición lírica en la que el poeta se queja de la muerte o pérdida de un ser querido.

Ensayo. Género literario en prosa en el cual un autor reflexiona, analiza y desarrolla un tema.

Entremés. En teatro, pieza de un acto, cómica, representada en los intermedios de obras más extensas. Se representaba entre la primera y la segunda jornada de las comedias españolas de los siglos XVI y XVII.

Epopeya. Poema narrativo extenso que relata las hazañas de héroes legendarios o históricos, a menudo con la intervención de elementos sobrenaturales o divinos.

Fábula. Narración breve, generalmente protagonizada por animales personificados, que tiene intención didáctica e ilustra una lección.

Haiku. Poema breve de origen japonés que consta de tres versos cortos pentasílabos y heptasílabos, que trata temas cotidianos o de la naturaleza.

Jarcha. Breve poema escrito en lengua mozárabe en territorio andalusí. Se incluía al final de unas composiciones más extensas escritas en árabe o hebreo llamadas *moaxajas*.

Juglar. Artista medieval que iban de pueblo en pueblo cantando y recitando poemas y cantares de gesta, pero también era el principal medio de información para la mayor parte de la población. Recitaba y cantaba poemas épicos o historias, y entretenía a un público popular sin necesidad de que este tuviera formación académica.

Lenguas romances. Conocidas también como lenguas románicas, son las lenguas derivadas del latín vulgar, como es el caso, por ejemplo, del francés, del español, del portugués, del italiano o del rumano.

Lírica. Género literario en verso en el que el poeta expresa sus emociones o sentimientos.

Neoplatonismo literario. Influencia filosófica renacentista basada en las ideas de Platón, que exalta la belleza y el amor como reflejos de la perfección divina.

Parodia. Imitación humorística o satírica con el propósito de criticar o ridiculizar una obra.

Petrarquismo. Estilo poético inspirado por Francesco Petrarca que marca el inicio de la lírica moderna. Se caracteriza por usar un lenguaje refinado y exaltar el amor idealizado.

Roman courtois. Tipo de novela cortesana nacido en Francia, precedente de la novela de caballerías. Se trata de una narración culta en verso basada en ideales caballerescos y que cuenta en algunos casos con elementos fantásticos.

Sátira. Género literario que utiliza el humor, la ironía y el sarcasmo generalmente para burlarse o hacer crítica de algo o alguien.

Tragedia. Género teatral que explora las desgracias humanas y reflexiona sobre temas existenciales. Generalmente, culmina en un desenlace trágico.

Tragicomedia. Género teatral que mezcla elementos de la tragedia y la comedia.

Trovador. Poeta culto medieval que componía y no necesitaba de su arte para vivir. Contaba con formación intelectual, por lo que además de componer podía difundir su obra. Había mujeres trovadoras.

Vanguardia. Tendencia artística y literaria que surge a principios del siglo xx con la finalidad de renovar el arte y las letras. Se busca romper con la tradición artística y literaria anterior, experimentar y crear obras novedosas.

BIBLIOGRAFÍA

AMELA, V. *Antología de citas*. Styria de Ediciones y Publicaciones. Barcelona, 2010.

ARITZETA, M. *Diccionari de termes literaris*. Edicions 62. Barcelona, 1996.

AYÉN, X. *La vuelta al mundo en 80 autores*. La Vanguardia Ediciones. Barcelona, 2016.

CARRASCO, J. M., FERNÁNDEZ, M. J., OGANDO, I., MADEIRA, T. Y FORNER, J. P. *Historia de la literatura portuguesa*. Gabinete de Iniciativas Transfronterizas. Mérida, 2011.

CHEN, G. *Poesía clásica china*. Cátedra. Madrid, 2001.

CHRISTIANSON, S., y SLATER, C. *100 libros que cambiaron el mundo*. Blume. Barcelona, 2019.

DÍAZ-PLAJA, G. *La literatura universal*. Danae. Barcelona, 1965.

FERNÁNDEZ, D. *Literatura universal*. Castellnou. Barcelona, 1999.

FRANCO, J. *Historia de la literatura hispanoamericana a partir de la independencia*. Editorial Ariel, 1973.

GALLARDO, L. *Eso no estaba en mi libro de historia de la literatura*. Almuzara. Madrid, 2017.

GALLART, M. y SANZ, R. *Literatura universal*. Teide. Valencia, 2012.

HERNÁNDEZ GUERRERO, J. A. *Antología parcial e incompleta del neoclasicismo literario*. Biblioteca Virtual Miguel de Cervantes. Alicante, 2022.

AA. VV. *Literatura universal*. Sanoma Educación. Madrid, 2022.

AA. VV. *Literatura universal.* Casals. Barcelona, 2022.

MENÉNDEZ, J., ARELLANO, I., CASO, J. M. y MARTÍNEZ, J. M. *Historia de la literatura española. Volumen III, siglos XVIII, XIX y XX.* Everest. León, 1995.

PADILLA BOLIVAR, A. *Literatura universal.* Jover. Barcelona, 1970.

—. *Atlas de literatura universal.* Jover. Barcelona, 1971.